keiko olsson

北欧ぐらしの布小物

ソーイングデザイナー
オルソン恵子　著

はじめに

私の暮らす北欧では、長くて暗い冬の時期があります。
冬の間は家で過ごす時間が多くなるため、少しでも空間を快適にさせてくれ
る明るい色のテキスタイルやデザインが豊富です。

この本で使っている生地も、そんな北欧の家庭で実際に使われていた古い
布、ヴィンテージ生地なども多く使いました。新しい布を買うのもよいですが、
もし使わなくなった布製品がお手元にあればぜひ作品にしてみてください。

北欧の布でなくてもよいのです。
おうちに眠っているお気に入りのハギレや、生地屋さんで見つけたものを使っ
て、柄選びや配色のコツのページなども参考に、あなただけのオリジナルを
作ってみてくださいね。

この本は、初心者さんでも作っていただける簡単なものから、少し時間をか
けてじっくりと作れるものまで、すべての工程を写真つきでご紹介しています。
きれいに仕上げるコツなども解説していますが、少しくらいミシンが曲がって
も気にせず、作ることを楽しみながら、おうちでの時間を過ごしてもらえたら
と思います。

「ソーイングの楽しさをたくさんの方に伝えたい」
そんな思いでスウェーデンからお届けします。

オルソン恵子

Contents

PART 1　ハギレで作る簡単小物

配色を楽しむ
シンプルカードケース 10

作り方 50／型紙 105

ティッシュやマスクも入る
ツールポーチ 11

作り方 52

キーホルダーみたいな
リップクリームケース 12

作り方 54

隠しマチつき
ミニ巾着 13

作り方 57

ふっくら仕上げの
めがねケース 15

作り方 60／型紙 106

三角マチの
ペンケース 16

作り方 62／型紙 107

マチなしでフラットな
がま口の小物入れ 17

作り方 66／型紙 108

PART 2　持ち歩きたいバッグ＆ポーチ

PART 3　おうちで楽しむ小物

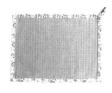
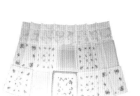

この本について

● すべての工程を写真つきで解説しています

ソーイングなんてやったことがない！　でも作ってみたい！
そんな初心者の方にも挑戦していただけるよう、すべての工程に写真をつけました。
裁ち合わせ図のとおりに布を切り出したら、写真を見ながら同じように作ってみてください。

Sew! マークについて

ミシンで縫ってほしいところ
に Sew! マークをつけてい
ます。----の部分をミシン
がけしてください。

♥Point マークについて

注意点や、ちょっとしたコ
ツをポイントマークのところ
で説明しています。

Done!

仕上がりの写真には Done!
（できた！）マークをつけて
います。

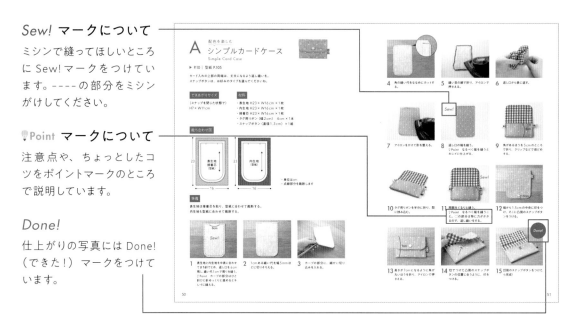

● 一部の作品には 巻末の型紙を使用

直線断ちの作品は、型紙なしで生地に直接線を
引いて裁断してください。曲線がある作品など
は、P104 〜の実物大型紙を使用してください。
※詳しい作り方は P46 〜の「基本のテクニック」を参
照してください。

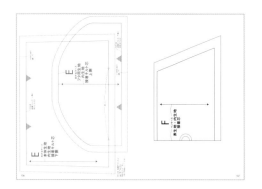

● 個人での商用利用はOK

本書で紹介している作り方の著作権は放棄して
いません。ただし、個人の手作りの範囲で製
作された作品をハンドメイドサイトや委託販売、
バザーなどで販売される場合は OK です。その
際は「keiko olsson のデザインを使用している
こと、本書名の記載」をお願いいたします。

※販売目的で製作される場合、商品のクオリティは自己
責任で管理されてください。販売の際のトラブルに対し
て当方は一切の責任を負えません。
※販売する場合は必ず商用可能な生地を使ってください
（生地の商用利用については各メーカーにお問い合わせ
ください）。

── 禁止事項 ──
● 作り方自体を販売すること（型紙、キットなど）、無断
転載
● 作り方を利用してのワークショップ、レッスン、ブログ
などでの引用、転用
● 個人・企業問わず商品を 100 点以上大量生産する行為

PART
1

ハギレで作る 簡単小物

手元に残った小さなハギレも捨てないで。少しの工夫で新しいものに生まれ変わります。家に眠っているお気に入りの生地で挑戦してみてください。大きな作品を作ったときは、同じ生地で小物も作っておそろいに。手作りならではの楽しみ方です。

A
Simple Card Case

配色を楽しむ
シンプルカードケース

シンプルな形ですが、カードは 8 枚ほど入ります。名刺入れとして使っても OK。
タグの色や内生地の模様など、オリジナルの配色を楽しみましょう。

▶ 作り方 **P.50** │ 型紙 **P.105**

B
Tool Pouch

ティッシュやマスクも入る
ツールポーチ

直線縫いだけでできる
ファスナーいらずのポーチです。
ティッシュやマスク、ソーイング
セットなどの小物を入れて、
いつでもさっと取り出して。

▶ 作り方 **P.52**

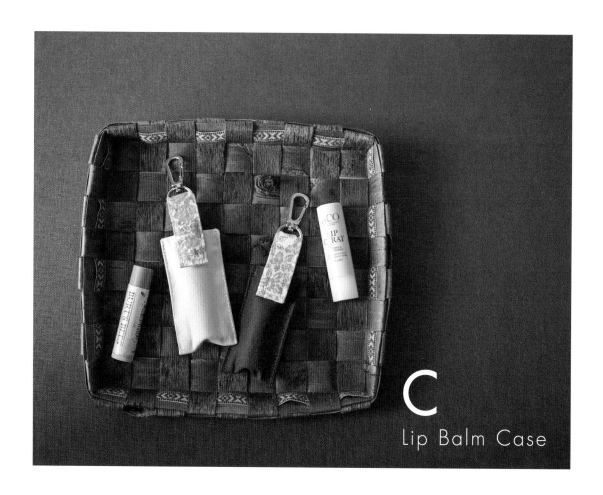

C

Lip Balm Case

キーホルダーみたいな

リップクリームケース

使いたいときに、すぐリップが取り出せるケース。かばんにつけたり、
キーホルダーにしても◎。スタンプ式の印鑑ケースとしても使えます。

▶ 作り方 **P.54**

隠しマチつき

ミニ巾着

切り替え布とタグの配色が印象的な巾着袋。
折るだけで簡単にできる隠しマチをつけたので、
ミニサイズなのに意外とたくさん入ります。

▶ 作り方 **P.57**

D
Mini Drawstring Bag

E
Glasses Case

ふっくら仕上げの
めがねケース

お気に入りのめがねは大切に保管したいから、キルト芯を貼ってふかふかの質感に仕上げました。
読書の時間が楽しみになるような、とっておきの生地を選んで。

▶ 作り方 **P.60** ｜ 型紙 **P.106**

F
Pen Case

三角マチの
ペンケース

裾に向かって狭くならない三角マチのシルエット。
長めのペンでもすっきり収まるサイズ感で、
机に置いたままでも、中身が見やすいデザインです。

▶ 作り方 **P.62** │ 型紙 **P.107**

G

Clasp Pouch

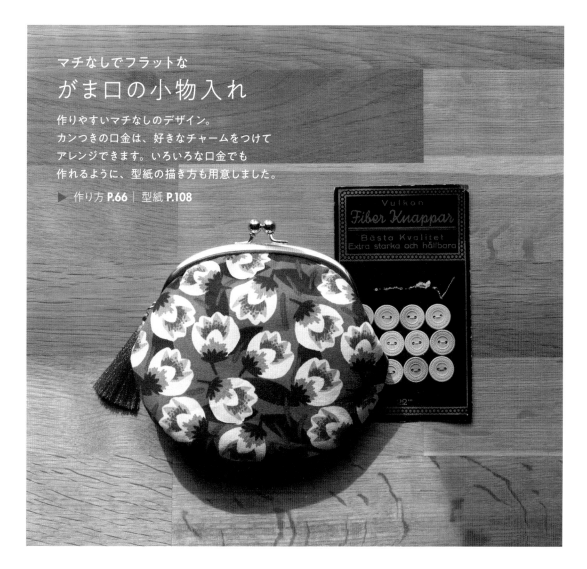

マチなしでフラットな

がま口の小物入れ

作りやすいマチなしのデザイン。
カンつきの口金は、好きなチャームをつけて
アレンジできます。いろいろな口金でも
作れるように、型紙の描き方も用意しました。

▶ 作り方 **P.66** | 型紙 **P.108**

ソーイングと北欧ぐらし

北欧に移り住んで13年。現地のくらしや文化はインスピレーションの源にも。
そんな私のスウェーデンでのくらしやアトリエのことをご紹介します。

　スウェーデンに移住した2年後、右も左もわからない状態で始めた洋裁のアトリエは、今年で11年目になりました。私のアトリエがあるのは、街の中心部にある自然公園の敷地内。ほかのメンバーと一つの建物を共有し、それぞれが別の活動をしているシェア・アトリエです。

　ガラス工芸家、画家、ガーデンデザイナー、テーラー、鍛冶屋など、まったく違う分野のクリエーターたち。その中に日本人のソーイングデザイナーの私。一人だけど一人じゃないような、ほどよい距離感が心地よく、とても気に入っています。

　アトリエの壁の絵は、友人のイラストレーター Aellie Kim（エリー・キム）によるもの。私の作品のイメージにぴったり合う絵を描いてくれました。この壁の絵が完成したと同時に、ソーイングデザイナー keiko olsson としてのキャリアが動き出したような気がしています。今では自宅と同じようにくつろげる空間になりました。

A　私のロゴにもなっている、アトリエの壁のイラスト。
B　アトリエの仲間とその家族たちと白夜のディナー会。夜9時でもこの明るさです。　C　ヴィンテージ生地で作った女の子のワンピース。　D　ポーチはよく作ります。

E　アトリエがある自然公園は、街の人々の憩いの場になっています。私の大好きな場所です。

普段は自宅から歩いてアトリエに向かいます。自
然公園にはたくさんの草花があるので、季節の移ろ
いを感じながら歩くのはいい気分転換にもなっていま
す。スウェーデンでは Fika（フィーカ）というコーヒー
ブレイクの習慣があり、作業に没頭して疲れたらアト
リエでお茶を淹れて休憩したり、手作りの伝統のお
菓子を持ち寄ってフィーカしたりすることもあります。

日本でもソーイングをしていましたが、スウェー
デンに移り住んでからというもの、毎日のくらしや
北欧の文化から作品のインスピレーションをもらう
ことが多くなりました。大好きなヴィンテージのイ
ンテリアや雑貨、自然の景色、物事の考え方や古
くから伝わる伝統なども、その源です。

F 街の大聖堂の周辺。気分転換に訪れます。　G 長
い冬が終わり、春の草花が一斉に咲き乱れる時期に。
H 街の教会を改装したカフェにて。　I アトリエの作業
スペース。　J 夏至の頃に道端に咲く花、ルピナス。
K 大好きな手工芸の材料店。　L スウェーデンにはこ
んな湖がたくさん点在しています。

そして Hemslöjd（ヘムスロイド）と呼ばれる伝
統的な手工芸なども。スウェーデンのくらしは13
年目とはいえ、まだまだ奥が深いです。

縁あって移り住んだこの土地で、自分なりにも
のづくりができることに感謝しながら、これからも
「ソーイングの楽しさをたくさんの方に届けたい！」
をモットーに活動していけたらと思います。

PART
2

持ち歩きたい
バッグ＆ポーチ

素敵な生地で作ったバッグやポーチ
は、普段の洋服に合わせるだけで特別
なコーディネイトになります。お出かけ
するのが待ち遠しくなるような、シンプ
ルだけどちょっと特別なデザインをそろ
えました。お気に入りの生地をファッ
ションの一部として楽しんで。

四角い布を折って作る

おりがみバッグ

折り紙をするような感覚で、布を折って作る
バッグです。実際に紙を折りながらデザインしました。
2サイズ用意したので、お好きなサイズで
作ってみてください。

▶ 作り方 **P.70**

H

Origami Bag

フロントポケットの
巾着トート

ワンマイルバッグやサブバッグにぴったりの巾着トートは、
中心で区切った 2 つのフロントポケットがアクセント。紐の先はタッセルのように仕上げます。

▶ 作り方 **P.74**

Drawstring
Tote Bag

スマホが入る

ミニショルダー

ポケットつきのシンプルなミニショルダー。
ストラップはレザーテープなど異素材を使うと、
デザインのポイントにもなるのでおすすめです。

▶ 作り方 **P.77** ｜ 型紙 **P.109**

J
Mini Shoulder Bag

底の形が特徴的な

ひまわりバッグ

底の形からイメージして、
"ひまわりバッグ"と名づけました。
両側から中心に向かってとめるボタンつき。
ボタンをとめると、形の印象がぐっと変わります。

▶ 作り方 **P.80** │ 底の型紙 **P.110**

K
Sunflower Bag

L

Boxy Pouch

型紙なしでできる

ボックスポーチ

型紙がなくても、四角い生地からボックスポーチが作れます。
使いやすいサイズ感はもちろん、初心者さんでもトライできるよう作りやすさにもこだわりました。

▶ 作り方 **P.84**

ラウンド型の
ハーフムーンポーチ

サイドの織リボンはデザインの
アクセントだけでなく、開け閉めするときに
持つタブの役割も兼ねています。
内生地とポケットに別々の生地を選ぶと、
開けたときも楽しくなれそう。

▶ 作り方 **P.90** │ 型紙 **P.111**

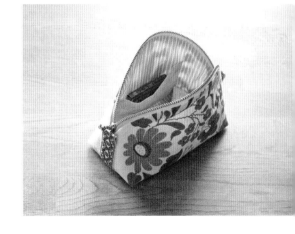

Half Moon Pouch

柄選びと配色のコツ

私の作品のこだわりポイントをご紹介します。
合わせる柄や配色に迷ったときは、こちらのテクニックを参考にしてみてください。

 Tips 1 生地の柄の選び方

● アイテムの大きさに合わせて 柄の大きさを選ぶ

生地の柄を魅力的に見せるには、キャンバスとなる
作品の大きさとのバランスが大事です。小さなアイ
テムは小さな柄、大きなアイテムは大きな柄など、
生地が映える大きさを意識して選びましょう。

How to choose
the fabric

例
➡リップケースやミニ巾着などは小さな柄
（〜1.5cm前後）
➡ポーチや布バスケットなどは中くらいの柄
（3〜5cm前後）
➡バッグやクッションカバーなどは大柄
（8cm前後〜）
※（ ）は柄のモチーフの大きさです。

逆に、お気に入りの生地はあるけれど「何を作れ
ばいいかわからない！」というときは、柄の大きさ
からアイテムを選ぶこともできますよ。大まかな目
安にして、お好みの柄を選んでみてくださいね。

● 柄の出し方にも気を配る

柄が大きくなるにつれ、作品のどの部分にどの柄を
配置するかで、仕上がりの印象がグッと変わります。
生地の端から順に型紙をのせて裁断するのも間違
いではありませんが、それだと自分で柄の出し方を
コントロールすることができません。生地の中に、
特に目立たせたい！ と思う素敵なパーツがあると
きは、その部分を作品の中で目立たせましょう。
では、どこに配置するか？ それは、写真の構図
に似ています。
写真やアート作品などに使われる法則のひとつに
「三分割法」というのがあります。
モチーフを置く位置やピントを合
わせる位置＝柄を目立たせたい
位置として●部分に配置します。

作品の中央に配置するのもありですが、中心を正
確に取るのが難しいのでわりと高度です。それより
も、少し中心から外したこの「三分割法」だとバラ
ンスがとりやすくなります。

左の花の位置が三分割の
ちょうど中間になるよう裁断
しています。

左上と右下の白い花の位置
がそれぞれ三分割の位置に
なるように裁断しています。

Tips 2　配色と柄合わせのコツ

● ケイコ・オルソン流、配色のキーワードは「補色」に近い色

私はカラフルな生地を見つけると、それに合わせたい色の組み合わせがぱっと思い浮かぶのですが、それはいつも「補色」なことが多いです。
補色とは、色相環で正反対に位置する関係の色の組み合わせのことをいいます。合わせたい色が0とすると、反対側の色12番が補色。そして左右に隣り合う色（11番）が隣接補色と呼ばれます。なかなかぴったりな色の生地を探すのは大変ですが、な

るべく近い色を選んでみてください。
補色の配色は、北欧でもよく使われています。日本の着物などでも使われることが多く、組み合わせや色のトーンを変えるとさまざまなイメージを表現することができます。

● まずはメインになる生地を選ぼう

お気に入りの生地を用意して、それに合わせて配色をしていきましょう。
配色するのは、内生地や切り替えの布、ファスナーやタブのリボンなどの副材料。
作品の中の色、すべてにこだわります。
メインに選んだ生地の柄をよく観察して、細部に使われている色もチェックします。

Case 1　柄と柄を合わせる場合

　メインの生地を引き立たせるため、タイプの違う柄を合わせましょう。例えば、絵のような花柄には、無機質なストライプやチェック、水玉など。柄と柄を合わせるときは、お互いに共通の一色があるとまとまります。

Case 2　柄と無地を合わせる場合

　たくさんの色が使われた柄は、その中のどれか一色に合わせるのが無難です。その際は「使われている面積が一番少ない色」に合わせると全体のバランスがとれます。本書では、めがねケース（フタと本体）、がま口（表地とタッセル）、ペンケース（表地とファスナー）などがこれに当たります。

花柄のポーチに合わせたのは、チェックの内生地。表と共通色の黄色が使われている生地を選びました。

オーナメントボールは、柄のある2枚の生地と織リボン。柄の中の共通色や、補色の色使いを組み合わせた配色です。

下側のポーチは、柄の一色を取って切り替え布とストラップに。上側のポーチは柄のブルーの補色の黄色を合わせています。

自由に色遊びを楽しもう

今回のTipsは私が作品を作る上で日頃からやっているコツでした。
自己流なところもありますので、参考程度に試していただけたら嬉しいです。
みなさんのお好きな配色で、自由に色遊びを楽しんでみてくださいね！

PART
3

おうちで楽しむ
小物

古くから「おうち時間」を楽しむ文化
が根づいている北欧では、インテリア
雑貨やキッチンで使える布小物が豊
富。特に、手作りの雑貨は日々の暮ら
しに彩りをそえてくれる大切な存在で
す。ぜひ、お気に入りの生地で作って
みてくださいね。

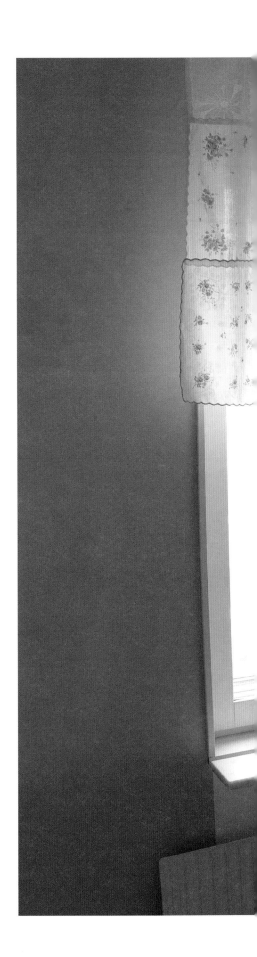

誰かに贈りたい

オーナメント

インテリアのポイントだけでなく、バッグチャームにも使える菱形オーナメント。
クリスマスシーズンは、ツリーの装飾にも大活躍。たくさん作って大切な人にプレゼントしても。

▶ 作り方 **P.94**

N

Fabric Ornament

Cushion Cover

KUNGL.BIBLIOTEKET
12 JUNI – 24 AUGUSTI 2002

テキスタイルを飾る
クッションカバー

ファスナーなしのシンプルなクッションカバー。絵画のようなテキスタイルをフレームに入れて飾るような
イメージでデザインしました。周りの幅広なステッチは、ポイントカラーで印象的に仕上げて。

▶ 作り方 **P.96**

P

Fika Mat

つつみ布で彩る

フィーカマット

北欧のお茶時間（フィーカ）のときに使う、
小ぶりなサイズ感のマット。
ちょっとした物の目隠しや
キッチンクロスなど、マルチに使えます。

▶ 作り方 **P.98**

ハンカチつなぎの
カフェカーテン

使わなくなったハンカチを簡単リメイク。パッチワークのようにランダムに並べて縫い合わせます。
ハンカチの大きさや枚数は、窓のサイズに合わせてお好みで。

▶ 作り方 **P.100**

森に出かけたくなる
布バスケット

森にきのこやベリー狩りに行くときに持っていく、
白樺のカゴをイメージ。雑貨の整理にはもちろん、
パンやお菓子を入れて食卓で使っても◎。
3サイズ展開で、使わないときは3つ重ねられます。

▶ 作り方 P.102

R

Fabric Basket

北欧の生地と副材料

私がいつも作品に使っている生地や副材料についてご紹介します。
本書では、北欧のアンティークショップなどで手に入れたヴィンテージや、
ブランド生地も使いました。

● 北欧ブランド生地

Ⓐ フィンランド在住のテキスタイルデザイナー島塚絵里さんの生地。島塚さんとは同じ北欧在住ということもあり、コラボレーションもさせてもらっています。
販売元 KORVAPUUSTI コルバプースティ
https://shop-korvapuusti.com

Ⓑ スウェーデンのブランド Almedahls（アルメダールス）の Jakten（ヤクテン）。インテリア雑貨も豊富で、本国でも人気です。

Ⓒ 同じくスウェーデンの Arvidssons Textil（アルビッドソンス テキスティール）の Leksand（レクサンド）。スウェーデン・ダーラナ地方の民芸品「ダーラナホース」がモチーフです。
販売店　ルネ・デュー　TEL.079-299-5515
（平日10:10〜11:50、13:00〜16:30）
https://www.lune-deau.co.jp

● ヴィンテージ生地

スウェーデン各地の蚤の市や、アンティークショップなどを巡り、集めた生地です。スウェーデンの家庭で古くから使われていたヴィンテージの生地なので、臭いやホコリなどがついていることがありますが、一点一点手洗いをして、シミや破れなどがある部分を除いたり、しっかりと下処理をしてから作品にしています。そのほか、スウェーデンの生地屋さんで仕入れることも。北欧にお越しの際は、蚤の市などを巡ってみるのもおすすめです。

スウェーデンの手芸材料が買えるお店

本書の作品は、お手持ちのお好きな生地や材料で作っていただけますが、実際に使用したスウェーデンの生地や副材料などに、もし興味がありましたら、オンラインショップも利用できます。スウェーデンの各地で自ら集めたヴィンテージ生地や伝統的な織リボン、本書と同じ作品が作れるキットなども販売しています。

ヴィンテージ生地は数に限りがありますので
売り切れの際はご了承ください。
keiko olsson オンラインショップ
https://keikoolsson.myshopify.com/
右のQRコードからサイトに入れます。

How to Sew

ここまで紹介してきた作品の作り方を解説していきます。
すべて写真つきで説明していますから、
順を追って工程をていねいに確認すれば、
初心者の方でもイメージしやすいと思います。
興味をもった作品から作ってみてください。

基本の道具 Basic Sewing Tools

小物作りを始める前に、そろえておきたい道具をご紹介します。専用の道具がなければ、
身近なもので代用できる場合もあります。作り始める前に、まずはここで確認しておきましょう。

ミシン

今回は基本的にミシンで縫っていま
す。ミシンは、一般的な家庭用のも
ので十分です。直線縫いとジグザグ
縫いができるミシンを選んで。

アイロン

布によったシワをのばしたり、三つ折
りしたり、接着芯を貼ったりするとき
などに不可欠。キレイに仕上げるた
めには欠かせません。

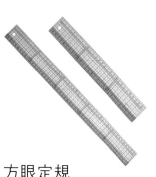

方眼定規

型紙のないアイテムは、自分で布
の長さを測り裁断します。基本は
50cmを使いますが、小回りの利く
30cmもあるとさらに◎。

裁ちばさみ
糸切りばさみ

布を切るはさみは、必ず紙用と使い
分けて。同じものを使うと切れ味が
悪くなってしまいます。型紙作りに
は紙切り用のはさみも準備。

チャコペン

こすったり、洗ったりすると消える
ペン。布に線を引くときに使います。
最近は使いやすいマーカー式など、
さまざまなタイプがあり。

ミシン糸・ミシン針

ミシン糸は普通地用60番を使用し
ます。持ち手などを縫いつけるとき
に生地が厚くなるので、ミシン針は
厚地用の14番を使いましょう。

まち針

縫い合わせる部分を仮どめするとき
は、まち針を使います。特にカーブ
の部分は、多めに刺しておくと縫っ
たときのズレを防ぎます。

ピンクッション

まち針や手縫い針は、なくさないよ
うピンクッションに刺して保管。手作
りするときは、中綿をパンパンに詰
めて硬くすると使いやすくなります。

44

手縫い糸・針

返し口をコの字綴じするときや、ミシンで縫いにくい部分は手縫いで。糸の太さに合う針を選びましょう。長針と短針は手に馴染むほうを。

ハトロン紙

型紙を写しとるときに使う、少し透けた紙。方眼のマス目がついたものなら、簡単に直角や直線を引くことができます。

指ぬき

手縫いのときに使用。特に布が重なり固くなった部分を縫うときは、指ぬきを針に当てて押すようにすると無駄な力を入れずに縫えます。

目打ち

細かい作業をするときに大活躍。先端が尖っているもののほか、角を出すという目的に特化した、先が丸くなった目打ちもおすすめ。

接着芯
接着キルト芯

張りをもたせるために、表布に貼りつけて使います。アイロンをかけるだけでつけることができて便利。アイテムによって使い分けを。

メジャー

方眼定規では測りにくい、カーブの長さなどを測るときに使います。150cmのものが一般的。

あると便利なもの

仮どめクリップ

まち針が刺しにくい部分をとめるときは、小さめのクリップが重宝します。洗濯バサミや事務用クリップで代用してもOK！

紐通し

巾着の紐や、ゴムなどを通すためのアイテム。プラスチック製や金属製などいろいろなタイプがあります。ない場合は、安全ピンで代用。

がま口の差し込み金具

がま口を取りつける際に使用。目打ちやマイナスドライバーなどでも代用できますが、コツがいるので初心者は専用金具を使うのがおすすめ。

基本のテクニック　Basic Techniques

ソーイングの基本テクニックをここで解説します。

作品を作っているときにわからないことが出てきたら、このページに戻って確認しましょう。

〈 型紙の作り方 〉

●実物大型紙がある場合

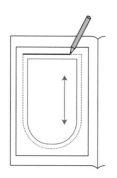

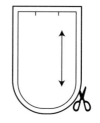

1 本誌の型紙ページにハトロン紙（透ける紙であれば違うものでも○K）をのせ、縫い代線（外側の線）をシャープペンシルなどでなぞる。

💡**Point** 線が太いと大きさに誤差が生じやすいため、なるべく細い筆記用具を使おう。

2 1でなぞった線に合わせて、紙切り用のはさみで切る。

💡**Point** 地の目線、わ、縫い止まり、返し口の印などもそれぞれなぞってから切り出すこと。

「わ」の型紙

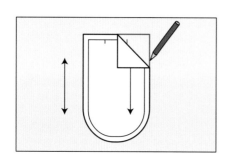

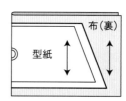

3 型紙と生地の地の目に合わせて、型紙を布にのせる。まち針などで固定してチャコペンでなぞり、線に合わせて布を切り出す。縫い止まり、返し口などの印もチャコペンなどで描き入れる。

地の目に対して縦に布を中表にして2つに折り、折り山に型紙の「わ」の線を合わせる。まち針で固定してチャコペンで縫い代線をなぞり、線に合わせて布を切り出す。

💡**Point** カーブは外れやすいので、ハーフムーンポーチは型紙を反転させ、左右対称になるように写す。

●実物大型紙がない場合

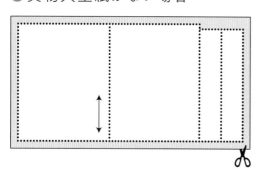

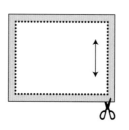

縫い代込みの指定サイズを生地に直接引き、その線を裁断する。同じものを何度か作る場合は、ハトロン紙で型紙を作るのがおすすめ。

💡**Point** 型紙を作るときはほとんどが長方形なので、方眼紙を使うと作りやすい。

〈 地直し 〉

布について

　布はリネン、綿、綿麻混紡などさまざまな種類がありますが、リネンや綿は洗濯すると縮みやすいので、作品を作る前に一度水に通しましょう。脱水機にかけて、布が半乾きのうちに縦横にアイロンをかけ、地の目を整えます。この作業を「地直し」といいます。

　布は両側にある「みみ」に平行の「縦地」に、型紙の矢印を合わせて使います。地の目を無視してななめにとると、布が歪んで作品がキレイに作れないので注意しましょう。

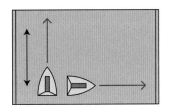

〈 接着芯の貼り方 〉

●接着芯

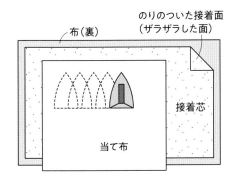

布の裏側に接着芯ののりのついた面（ザラザラした光る面）を合わせてのせる。当て布をし、アイロンで接着する。アイロンはすべらせるのではなく、いったん持ち上げ、少しずつずらして押さえて。

●接着キルト芯

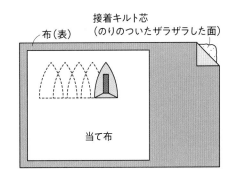

のりのついた面（ザラザラした光る面）の上に、布の裏側を合わせてのせる。キルトが潰れないよう布の表側から当て布をし、接着芯と同様にしてアイロンで押さえ接着する。

●粗裁ち

接着芯を貼るパーツは、布をひと回り大きく切ってから接着芯を貼り、その後で型紙に合わせてパーツを切り出す。

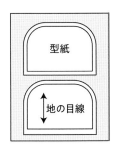

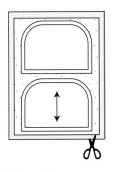

1 裁ち合わせ図を参考に、接着芯を貼るパーツよりひと回り大きく布を切る。

2 切った布の裏面に、接着芯を貼る。

3 型紙に合わせてパーツを切り出す。

47

〈 ミシン縫い 〉

●返し縫い

縫い始めと縫い終わりは、縫い目がほどけないように返し縫いをする。

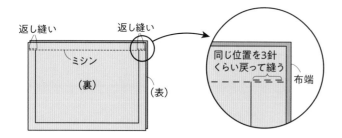

●マスキングテープ使い

マスキングテープで印をつけると、チャコペンなどで線を引かなくても均等な縫い幅で縫える。

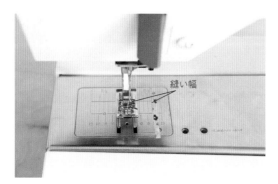

1 針から縫い幅を測り、その位置に細長く切ったマスキングテープを貼る。

💡**Point** ミシン台にすでに縫い幅の印がある場合も、マスキングテープを貼っておくと目立つので縫いやすくなる。

2 マスキングテープに生地の端を沿わせて縫うと、均等な縫い幅で縫える。

●端の処理

端がほどけないようにするために、ミシンに搭載されている2つの縫い方をマスターしよう。

ジグザグミシン

端をジグザグに縫う処理。端から1mmほど内側にかけると、ほどけにくくなる。縫い代に余裕があるときは、ジグザグミシンをかけてから、縫い目に合わせて端を切ってもOK！

ロックミシン

布端をくるむようにかがり縫いすること。ジグザグミシンよりも仕上がりがキレイで、ほつれにくいのが特徴。専用のミシンが必要だが、もし家庭用のミシンでも同じようなモードがある場合は活用を。

〈 三つ折り 〉

ほつれてしまう布の端を3重に折り重ね、縫いとめる端の処理方法のひとつ。
ここでは例として、三つ折り幅2cm＋1cmの縫い代をつける場合で解説します。
この場合、作り方ページでは「2cm幅の三つ折りにし、端を縫う」と表現しています。

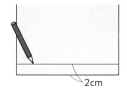 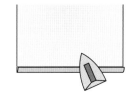 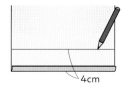 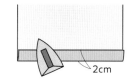

1 布端から2cmのところに、チャコペンで印をつける。

2 1でつけた線に布端を合わせるように二つ折りし、アイロンで押さえる。

3 2の折り山から4cm（三つ折り幅の2倍）のところに、チャコペンで印をつける。

4 2の折り山を3の印の位置に合わせて折ると、2cm幅の三つ折りになる。

〈 コの字綴じ 〉

返し口を綴じるときに使う、手縫いの方法。かがり縫いと違い、表に縫い目が出ないのでキレイに仕上がります。

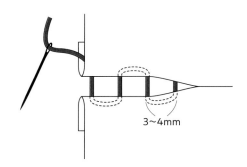

〈 マグネットホックのつけ方 〉

1 マグネットホックをつける位置の中心に接着芯を貼り、座金と中心を合わせたら、左右の溝にチャコペンなどで印をつける。

2 座金を一度外し、1でつけた溝の印に沿ってカッターなどで切り込みを入れる。

3 2の穴に布の表からマグネットホックのツメを差し込む。ツメに座金を通したら、ペンチでツメを両サイドに折り曲げる。

4 凸パーツも凹パーツも、同様にしてつける。

A 配色を楽しむ
シンプルカードケース
Simple Card Case

▶ **P.10** │ 型紙 **P.105**

カード入れの上部の両端は、丈夫になるよう返し縫いを。
スナップボタンは、お好みのタイプを選んでくださいね。

できあがりサイズ

（スナップを閉じた状態で）
H7 × W11cm

材料

・表生地 H23 × W16cm ×1枚
・内生地 H23 × W16cm ×1枚
・接着芯 H23 × W16cm ×1枚
・タグ用リボン（幅2cm） 4cm ×1本
・スナップボタン（直径1.3cm）×1組

裁ち合わせ図

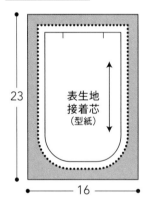

23

表生地
接着芯
（型紙）

16

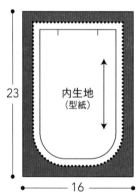

23

内生地
（型紙）

16

・単位はcm
・点線部分を裁断します

準備

表生地は接着芯を貼り、型紙に合わせて裁断する。
内生地も型紙に合わせて裁断する。

6cm

Sew!

1 表生地と内生地を中表に合わせ
てまち針でとめ、返し口を6cm
残し、縫い代1cmで周りを縫う。
💡**Point** カーブの部分はひと
針ひと針ゆっくりと進めるとキ
レイに縫える。

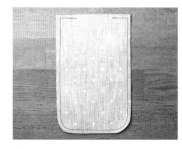

2 1cmある縫い代を幅5mmほ
どに切りそろえる。

3 カーブの部分に、細かい切り
込みを入れる。

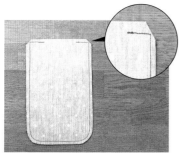

4 角の縫い代をななめにカットする。

5 縫い目の線で折り、アイロンで押さえる。

6 返し口から表に返す。

7 アイロンをかけて形を整える。

Sew!

8 返し口の端を縫う。
💡**Point** なるべく端を縫うとキレイに仕上がる。

9 角があるほうを5cmのところで折り、クリップなどで仮どめする。

10 タグ用リボンを半分に折り、間に挟み込む。

Sew!

11 周囲をぐるりと縫う。
💡**Point** なるべく端を縫うこと。○の部分は特に力がかかるので、返し縫いをする。

12 端から1.5cmの中央に印をつけ、そこに凸側のスナップボタンをつける。

13 高さが7cmになるように角が丸いほうを折り、アイロンで押さえる。

14 12でつけた凸側のスナップボタンの位置に合うように、印をつける。

Done!

15 凹側のスナップボタンをつけたら完成！

B

ツールポーチ
Tool Pouch

▶ **P.11**

パーツが多いので、それぞれの生地サイズをしっかり確認しながら裁断してください。
接着芯は厚手のタイプを使うと、形がキレイに整いやすいです。

できあがりサイズ

（ゴムで閉じた状態で）
H13.5 × W10 cm

材料

・表生地（A）H20 × W26 cm ×1枚
・内生地（D）H20 × W26 cm ×1枚
・ポケット用生地（B・C・E）
　H20 × W48 cm ×1枚
・接着芯 H20 × W26 cm ×1枚
・カラーゴム 15.5 cm ×1本

裁ち合わせ図

直接生地に描いて裁断します

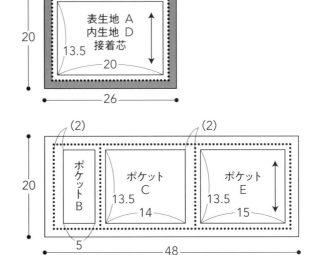

表生地 A
内生地 D
接着芯
13.5
20
20
26

(2)　　　(2)
ポケット B
ポケット C 13.5 14
ポケット E 13.5 15
20
5
48

・単位はcm
・縫い代は（　）で指定しているところ以外は1cm
・布に線を描くときは生地の裏面に
・点線部分を裁断します

準備

表生地（A）は接着芯を貼り、裁ち合わせ図の指定サイズに縫い代をつけて裁断する。
内生地とポケット用生地も、指定サイズに縫い代をつけて裁断する。

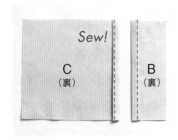

1 BとCの端を1cm幅の三つ折りにし、その上を縫う。

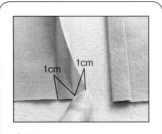

💡**Point**
1cm折ったら、その都度アイロンをかけよう。

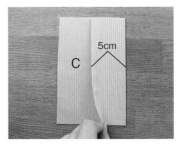

2 Cの三つ折りした側を5cmのところで折り、アイロンをかける。

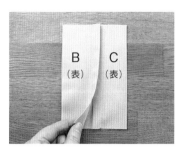

3 左側の布端をそろえるように、Cの上にBを重ねる。

4 重なり合った部分の端を縫う。

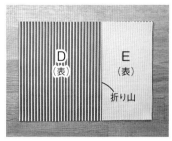

5 Eは外側が表になるように縦半分に折ってアイロンをかけ、開いているほうの端を合わせてDの上に重ねる。

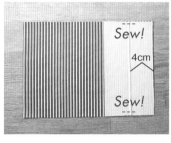

6 右端から4cmのところにゴムを縦にのせ、端を縫う。

7 左端に合わせて**4**を重ねる。

8 **7**の上にAを中表に重ね、クリップなどで仮どめする。

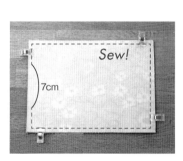

9 返し口を7cm残し、縫い代1cmで周りを縫う。

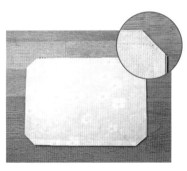

10 角の縫い代をななめにカットする。
💡**Point** 縫い目から2mm外側をカットする。

11 返し口から表に返し、アイロンで形を整える。

💡**Point**
目打ちを使って角を出す。

12 返し口をコの字綴じで縫い合わせたら完成！

Done!

C

キーホルダーみたいな

リップクリームケース

Lip Balm Case

▶ **P.12**

一般的なリップクリームが入るサイズで作りました。
もしも太めの口紅などを入れたい場合は、サイズをひと回り大きく作ってみてください。

| できあがりサイズ |

（本体部分）
H8.5 × W4.5 cm

| 材料 |

・フタ用生地 H14 × W11 cm × 1枚
・本体生地 H22 × W9 cm × 2枚
・ナスカン（2 cm 幅）　1個
・面ファスナー 1.8 cm 角× 2枚

| 裁ち合わせ図 |

直接生地に描いて裁断します

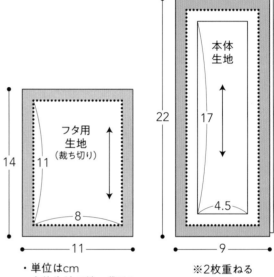

・単位はcm
・本体生地の縫い代は1cm
・フタ用生地は裁ち切り
・点線部分を裁断します

※2枚重ねる

| 準備 |

フタ用生地は、裁ち合わせ図の指定サイズ通りに裁断する。
本体生地は、裁ち合わせ図の指定サイズに縫い代をつけて裁断する。

1 本体生地を中表に重ねる。縫い代1cmで、片方を開けてコの字形に縫う。

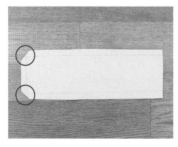

2 縫った側の角の縫い代をななめにカットする。

3 縫い目の線で折り、アイロンで押さえる。

4 1で縫い残した端の穴から、表に返す。

5 目打ちを使って、角を出す。

6 縦の縫い代を開いてから、口を1cm内側に折り込む。

7 アイロンをかけて形を整える。

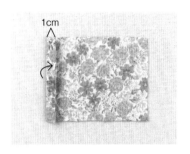

1cm

8 フタ用生地の幅が8cmのほうの端を1cm内側に折る。
💡 **Point** 折るたびにアイロンで押さえよう。

9 中心に向かって、上下から半分に折る。

10 真ん中で半分に折る。

Sew!

11 折らなかったほうを開けて、周りをコの字形に縫う。

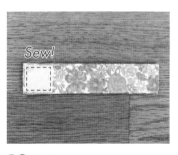

Sew!

12 端が閉じているほうに、面ファスナーを縫いつける。

💡 **Point**
面ファスナーは周りをぐるりと縫いとめること。

Sew!

13 7の中心に12を1cm中に差し込んで、縫いとめる。

💡 **Point**
端が開いているほう同士を差し込んで、上から縫う。

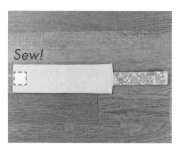

14 裏返して、本体の端にも面ファスナーを縫いつける。

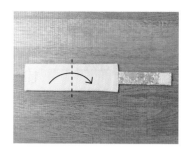

15 また裏返して、本体を半分に折る。

16 本体の両サイドの端を縫う。

💡**Point** ミシンが進まないときは、厚紙などをミシンの押さえの下に置くと、段差がなくなってスムーズに動く。

17 フタの生地部分にナスカンを通す。

18 本体とふたの面ファスナー同士を貼り合わせる。

19 ナスカンが動かないように、ナスカンのキワを縫いとめたら完成！

Done!

D

隠しマチつき

ミニ巾着
Mini Drawstring Bag

▶ **P.13**

最も間違えやすいのは、紐通し穴を作る位置。
工程11と12では縫う前に位置をよく確認し、作る場所を間違えないよう気をつけましょう。

できあがりサイズ

H15 × W14 ×マチ6cm

材料

・生地A H38 × W19cm ×1枚
・生地B H13 × W19cm ×2枚
・タグ用リボン（幅2cm）4cm ×1本
・紐 36cm ×2本

裁ち合わせ図

直接生地に描いて裁断します

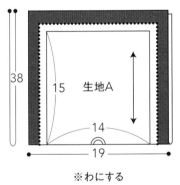

※わにする

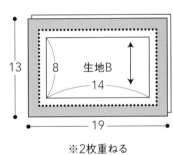

・単位はcm
・縫い代はすべて1cm
・点線部分を裁断します

※2枚重ねる

準備

すべての生地を裁ち合わせ図の指定サイズに縫い代をつけて裁断する。

1 Aの上端から8cmのところに半分に折ったタグ用リボンを内側が「わ」になるようにのせ、端を縫いとめる。

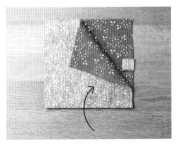

2 中表になるように、2つに折る。

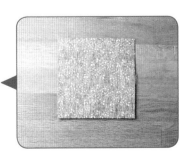

二つ折りにしたところ。

3 わになったほうを3cmのところで折り上げ、アイロンで押さえる。

4 縫い代1cmで、両端を縫う。

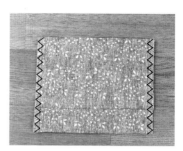

5 両端の縫い代にジグザグミシンをかける。

6 表に返して、アイロンで形を整える。これで隠しマチの完成！

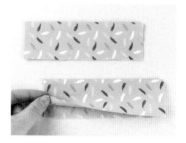

7 Bを2枚とも表が外側になるように半分に折り、アイロンで押さえる。

8 一度開いて、2枚のBを中表に合わせる。

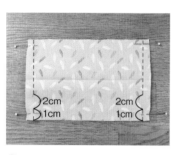

9 紐通し穴を2cm残して、両端を縫い代1cmで縫う。

10 表に返し、縫い代を割ってアイロンで押さえる。

11 紐通し穴の位置を確認する。

12 紐通し穴がないほうの表面の端と6の裏面の端を合わせるように2枚の生地を重ね、まち針でとめる。

💡**Point**
サイドはAとBの縫い目同士をぴったり合わせる。

13 縫い代1cmで、ぐるりと1周縫う。

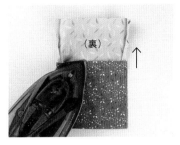

14 Bを伸ばし、**13**の縫い代をB側に倒して、アイロンで押さえる。

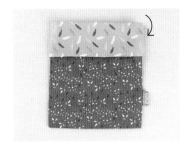

15 Bを工程**7**で作った折り目に合わせて、外側に折る。

16 Bの布端を1cm、中に折り込む。

♨Point
布端を織り込むと、ちょうどAの縫い目の線にぴったり!

17 ずれないようにまち針でとめる。

18 端をぐるりと一周縫う。

2cm

19 **18**の2cm上もぐるりと一周縫うと、紐通し穴ができる。

Sew!

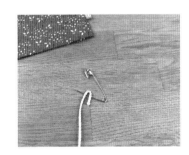

20 紐に安全ピンを通す。

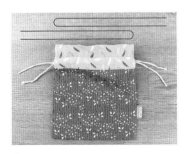

21 2本の紐をそれぞれの紐通しに通す。

22 紐の端を1.5cmくらい残して結び、先端の糸をほぐしてタッセル状にしたら完成!

Done!

E

ふっくら仕上げの
めがねケース
Glasses Case

おもて　　　　　　うら

▶ **P.15** │ 型紙 **P.106**

仕上がった後、裏側から見るとフタの生地が少し見えるデザインです。
フタと本体の切り替え線は、ボタンを閉じるときに折る位置ではないので注意。

できあがりサイズ

（ボタンを閉じた状態で）
H8.5 × W18.5cm

材料

・フタ用生地　H15 × W25cm ×1枚
・本体生地　H18 × W25cm ×1枚
・内生地　H28 × W25cm ×1枚
・接着キルト芯　H28 × W25cm ×1枚
・ボタン（直径2cm）　1個
・丸ゴム　5.5cm ×1本

裁ち合わせ図

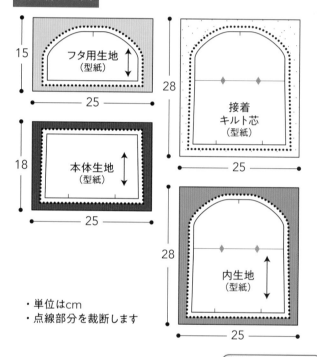

・単位はcm
・点線部分を裁断します

準備

すべての生地を型紙に合わせて裁断する。

1 フタ用生地の下部と本体生地の上部を中表に重ね、縫い代1cmで縫い合わせる。

2 縫い代を割って、アイロンで押さえる。

3 接着キルト芯の上に **2** を裏側を下にして重ね、スチームアイロンで接着する。
💡**Point**　接着キルト芯に直接アイロンを当てると綿が潰れてしまうので、表生地の上からアイロンを当てるのがコツ。

4 フタの中心に丸ゴムをアーチ状に縫い付ける。

5 4と内生地を中表に重ねる。

6 縫い代1cmで、返し口を11cm残して周りを縫う。

7 返し口から表に返し、アイロンをかけて形を整える。
🎈Point　アイロンは、縫い代を落ち着かせるようにかけよう。

8 返し口の縫い代は、1cm内側に折り込んでアイロンで押さえる。

9 端を縫い、返し口を閉じる。

10 フタと本体の切り替え線の間を縫う。

11 本体の端を8cmのところで折り、両端をそろえてクリップで仮どめする。

🎈**Point**
少し浮くような形で、内側に空間ができる。

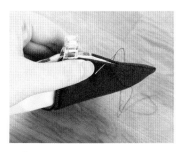

12 かがり縫いで両端を閉じる。縫い始めと縫い終わりは、返し縫いでしっかり綴じる。

13 底から2.5cmのところの中央に、ボタンを縫いとめたら完成！

Done!

F

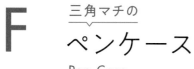

三角マチの
ペンケース
Pen Case

▶ **P.16** │ 型紙 **P.107**

ファスナーつけは一見難しそうですが、工程を追っていけば意外と簡単。
工程14と15でファスナーの端に縫い代をそろえて切ると、仕上がりの形がキレイになります。

できあがりサイズ

H6.5×底部分の横幅20×マチ6cm

材料

・表生地 H26× W37cm ×1枚
・接着芯 H26× W37cm ×1枚
・内生地 H26× W37cm ×1枚
・ファスナー　20cm

裁ち合わせ図

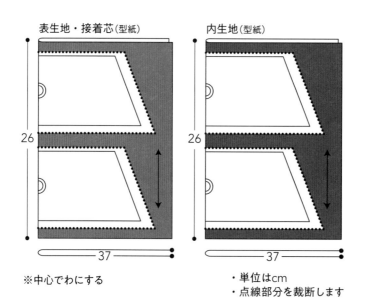

表生地・接着芯(型紙)　　　内生地(型紙)

26　　　　　　　　26

37　　　　　　　　37

※中心でわにする　　　　・単位はcm
　　　　　　　　　　　　・点線部分を裁断します

準備

表生地は接着芯を貼り、型紙に合わせて裁断する。
内生地も型紙に合わせて裁断する。

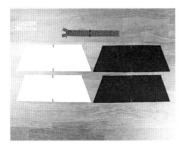

1 表生地、内生地、ファスナーの中心に、チャコペンでそれぞれ印をつける。

2 ファスナーと表生地を工程1でつけた印がぴったり合うように中表に重ね、中心から布端をそろえてまち針でとめる。

3 縫い代5mmで、端を縫う。
💡**Point** ファスナーを縫うときは、ミシンの押さえをファスナー押さえに替えること。

4 内生地の上に、**3**を中表に重ねる。

5 工程2と同様にしてまち針でとめ、**3**の縫い目の上を縫う。

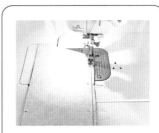

💡**Point**
下にある内生地がずれないように、注意しながら縫うこと。

6 内生地が右側に倒れるようにしっかりと内生地を開き、内生地のキワを押さえるように端を縫う。

💡**Point**
写真のような感じで、ぎりぎり端を縫おう。

7 表生地と内生地を片側に返し、アイロンで形を整える。

8 もう1枚の表生地の上に、工程1でつけた印がぴったり合うように**7**を中表に重ねる。

9 端をそろえて中心の印からまち針でとめ、縫い代5mmで端を縫う。

10 もう1枚の内生地の上に、工程1でつけた印がぴったり合うように**9**を中表に重ねる。

11 端をそろえて中心の印からまち針でとめ、**9**の縫い目の上を縫う。

12 内生地だけを右に倒すようにしっかり開き、内生地のキワを押さえるように端を縫う。

13 右と左の表生地と内生地をそれぞれ重ねて開き、アイロンをかけて形を整える。

💡**Point**
表から見るとこんな感じ！

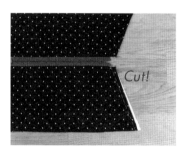

14 ファスナーの幅に合わせて、表生地と内生地の縫い代を表生地の端から平行にカットする。

15 同様にして、ほかの３か所もカットする。
💡**Point** 縫い代にズレがあっても、これで整えることができる。

16 表生地同士、内生地同士をそれぞれ中表に合わせる。

17 まず先に、ファスナーの両端付近をクリップなどでとめる。

💡**Point**
ファスナーは内生地側に倒し、ぴったりと合わせること。

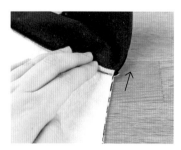

18 すべての縫い代を内生地側に倒して、クリップなどでとめる。

19 周囲の布端をそろえ、クリップなどでとめる。

20 内生地側に８cm程度の返し口を残し、縫い代１cmで周囲を縫う。

21 返し口から指を入れ、表生地の角を三角に折る。

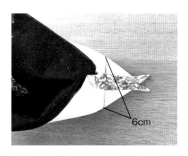

6cm

22 脇の縫い目に対して直角にマチ幅6cmを測り、チャコペンなどで線を引く。

Sew!

23 線の上を縫う。

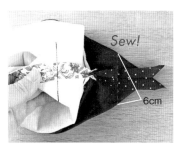

Sew!

6cm

24 内生地も工程 **21**〜**23** と同様にして、マチ幅6cmを測って線を引き、その上を縫う。

25 縫い目から1cmを残し、先端をカットする。ほかの表生地、内生地のマチ3か所も同様に切る。

26 返し口から指を入れ、底の縫い代を割る。
💡Point　アイロンがかけにくいので、指でクセをつけるように開くだけで OK！

27 返し口から表に返し、形を整える。
💡Point　ファスナーの端は、内側から押すように引き出そう。

28 返し口をコの字綴じで縫い合わせる。

Sew!

29 返し口の上をミシンで押さえるように縫ったら完成！
💡Point　ミシンが通る範囲の8cm 程度で OK！ これにより、内生地が浮かずにキレイに収まる。

Done!

G がま口の小物入れ
Clasp Pouch

▶ **P.17** ｜ 型紙 **P.108**

接着キルト芯はなるべく薄手の小物用がベスト。もし、手に入らない場合は普通の接着芯でもOK。
口金つけは、慌てないよう道具を手元にそろえてから始めましょう。

できあがりサイズ

H12 × W14.5 cm

材料

- 表生地 H17 × W44 cm × 1枚
- 内生地 H17 × W44 cm × 1枚
- 接着キルト芯（薄手）H17 × W44 cm × 1枚
- 口金（幅12×高さ5.5cm）　1個
- 紙紐　20 cm × 2本

※接着キルト芯は「厚手」を使うと
　口金が収まりにくくなるので注意。
　普通の接着芯で代用してもOK。

〈がま口の道具〉
- クリップ　・目打ち
- 接着剤（金属と布対応のもの）
- がま口専用ペンチ（普通のペンチに当て布で
　代用可）

裁ち合わせ図

表生地・接着キルト芯（型紙）

17

44

内生地（型紙）

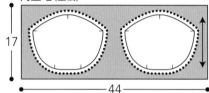

17

44

・単位はcm
・点線部分を
　裁断します

準備

表生地は接着キルト芯を貼り、型紙に合わせて裁断する。
内生地も型紙に合わせて裁断する。

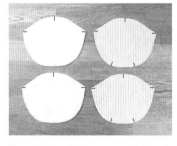

1 型紙で指示してある中心、左
右の縫い止まり、内生地の返し
口にチャコペンで印をつける。

2 表生地同士、内生地同士をそ
れぞれ中表に合わせる。

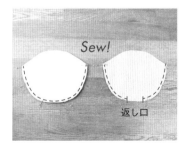

Sew!

返し口

3 縫い代5mmで、縫い止まりか
ら縫い止まりまでを縫う。内生
地は返し口をあけて縫う。

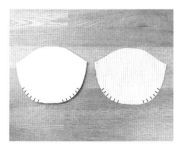

4 カーブの部分の縫い代に、縫い目の2mmほど手前まで切り込みを入れる。

5 表生地を表に返し、アイロンをかけて形を整える。

6 中表になるように、表生地を内生地に差し込む。

7 両サイドの縫い止まり同士をぴったりと合わせてまち針でとめ、全体の上端をそろえてまち針でとめる。

Sew!

8 縫い代5mmで、縫い止まりから縫い止まりまでを縫う。

💡**Point** このとき、脇の縫い代は縫わないよう注意。表生地と内生地を重ねて、縫う方向と反対側に倒しておくこと。

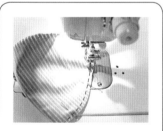

💡**Point** 縫うときは、縫い止まりの位置にミシンの針を下ろしてから、縫い始めるとやりやすい。

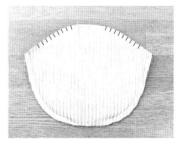

9 カーブの部分の縫い代に、縫い目の2mmほど手前まで切り込みを入れる。

10 返し口から表に返し、アイロンをかけて形を整える。
💡**Point** 端はアイロンの先を中に入れて押さえ、キワの形を整える。

Sew!

11 内生地を引き出し、端を縫って返し口を閉じる。

12 内生地を中に戻し、端から3mmのところをぐるりと一周縫って、上端を押さえる。

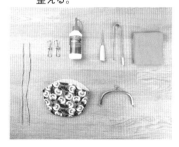

13 口金をつけるための道具をすべて準備する。紙紐はヨリを戻して太くしておく。

14 表生地と内生地の中心の端から1cm下に、しつけ糸もしくはテープなどで印をつける。

15 口金を開き、片側にだけ接着剤を塗る。爪楊枝などを使って、内側全体に薄く塗り広げる。

16 本体を開き、口金の中心と本体の中心をそろえ、中心部分から本体の端を口金の奥まで差し込む。

17 中心から右側の縫い止まりまで本体を差し込んだら、口金と本体が動かないようクリップなどで固定する。

18 目打ちなどを使って、右端から紙紐を紙紐全体が隠れるまでグッと差し込む。

19 左側の縫い止まりまで紙紐を入れたら、口金の長さに合わせて紙紐を切り、本体生地、紙紐の順に奥まで差し込む。

20 口金の両端をがま口用ペンチで軽く潰す。普通のペンチを使う場合は、当て布をすること。

21 工程**15**と同様にして、もう一つの口金の内側に接着剤を塗る。

22 工程**16〜20**と同様にして口金に本体布と紙紐を差し込み、両サイドをペンチで軽く潰す。

23 5時間〜ひと晩ほどおき、接着剤が乾いたら完成！

Done!

カンつき金具の場合は、お好みのチャームやタッセルなどをつけて楽しみましょう♪

がま口の小物入れの型紙の作り方

手に入るがま口の形が違うと、今回の型紙が使えないことも。
そんなときは、がま口のパーツに合わせて以下の方法で自分で型紙を作ってみましょう。

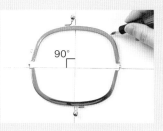

1 紙に直角に十字の線を引き、口金を開いて中心を合わせ、右上のみ口金の周りをなぞる。

💡**Point** 口金を外すとこんな感じに！

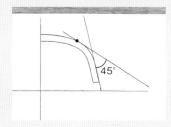

2 口金のサイドの線を延長する。

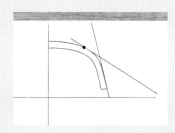

3 口金のカーブの頂点から、工程**2**で引いた線に対して45°の線を引く。

💡**Point** 角度はお好みで調整OK。30〜50°に。

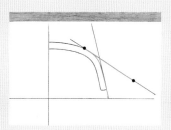

4 カーブの頂点から口金の端までオレンジの線の長さを、メジャーで測る。

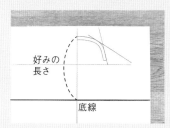

5 工程**4**で測った長さ−2mmを、工程**3**で引いた線の上で測る（グリーンの線）。

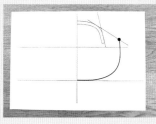

6 上からお好みの長さを測り、工程**1**で引いた十字の横線と平行に底線を描く。

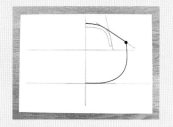

7 端の線と、底の中心をカーブで結ぶ。カーブはお好みの形でOK。フリーハンドが難しい場合は、カーブ定規があると便利！

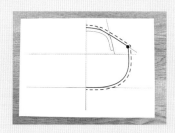

8 工程**7**で引いたカーブと、工程**5**の線の端をつなげる。

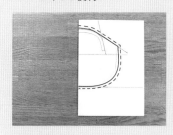

9 周囲に5mmの縫い代をつける。

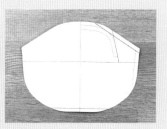

10 縦の線で半分に折る。

11 縫い代線でカットしたら、左右対称の型紙の完成！

H

四角い布を折って作る

おりがみバッグ
Origami Bag

▶ **P.22**

折り紙のような正方形の布を順番に折ってマチを作っていきます。
工程14〜16は、折り紙を折るような感覚で、ステップごとに画像を確認しながら折っていきましょう。

できあがりサイズ

Sサイズ
本体 H24 ×（平置きで）W34 ×マチ 17cm
Mサイズ
本体 H29 ×（平置きで）W39 ×マチ 20cm

材料

・表生地
　S H58× W58 ／ M H68× W68 ×1枚
・内生地 & 持ち手用生地
　S H58× W78 ／ M H68× W88 ×1枚

裁ち合わせ図

直接生地に描いて裁断します

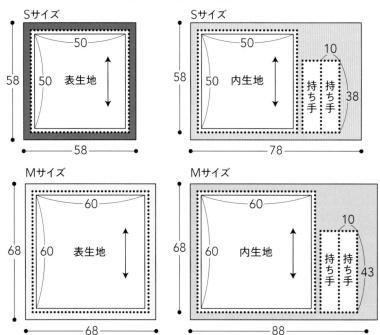

・単位はcm
・表生地と内生地の縫い代は1cm
・持ち手は裁ち切り
・点線部分を裁断します

準備

表生地と内生地は、裁ち合わせ図の指定サイズに縫い代をつけて裁断する。
持ち手用生地は、裁ち合わせ図の指定サイズ通りに裁断する。

1 表生地と内生地を中表に合わせ、まち針でとめる。

Sew!

15cm

2 縫い代1cmで、返し口を15cm残して周囲を縫う。

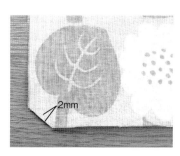

2mm

3 4つの角の縫い代を、縫い目から2mmほど外側でななめにカットする。

表生地（裏）

4 縫い目の線で折り、アイロンで押さえる。

表生地（表）

5 返し口から表に返し、アイロンで形を整える。

6 返し口の縫い代を内側に折り込み、アイロンで押さえる。

Sew!

7 端から2mmくらいのところをぐるりと1周縫う。

8 表生地が内側になるように、半分に折る。

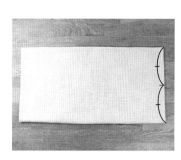

9 縦半分の位置に印をつける。

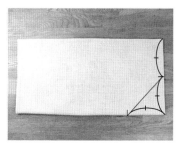

10 下側も同じ長さの位置に印をつけ、9の印と結ぶななめの線を引く。

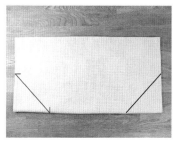

11 反対側にも同様にして印をつけ、ななめの線を引く。

Sew!

12 まち針でとめ、工程10と工程11で描いた線の上を縫う。

💡Point 縫い始まりと縫い終わりは、3往復ほど返し縫いして強度をつける。

13 上側の真ん中にもマチを作る。

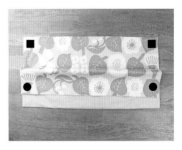

14 上の重なり部分を縫い止まりまで開き、■と●同士の角を合わせるように重ねながら、全体を縦半分に折る。

💡Point
縦に半分に折ると、こんな感じに！

15 左下の角の生地をめくり、工程14で重ねた角（●）を、2枚同時に矢印の方向に引き出す。

16 広げると上の写真のような形になる。

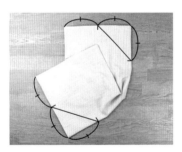

17 工程9〜11と同様に、辺の半分の長さで印をつけ、チャコペンでななめに線を引く。

18 まち針でとめ、工程17で引いた線の上をそれぞれ縫う。縫い始まりと縫い終わりは、3往復ほど返し縫いして強度をつける。

💡Point 印をつけて作ったマチ4か所をすべて縫い、このような形になれば○K！

19 表に返す。

20 内側のマチの三角になった部分を広げる。

21 広げた部分を上からアイロンで押さえ、平らにする。

22 広げた部分をまち針でとめ、内生地の端を縫う。同様にして、ほかの3か所も縫う。

💡**Point** このとき、下になっている側がバッグの表面になるので、表面にシワが寄っていないか、平らになっているか確認しながら縫うこと。

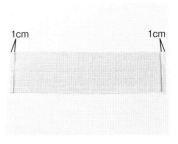

23 持ち手用生地の両端を1cm折り、アイロンで押さえる。

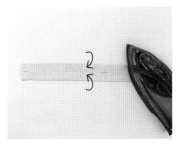

24 上下を中心に向かって折り、アイロンで押さえる。

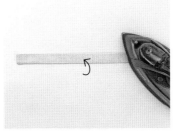

25 さらに真ん中で折ると2.5cm幅になる。アイロンでしっかり押さえる。

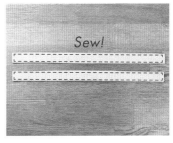

26 まち針でとめ、周囲をぐるりと縫う。もう1本の持ち手も同様にして作る。

27 隣り合う角に持ち手をつける。先に位置を決めたら、まち針でとめる。

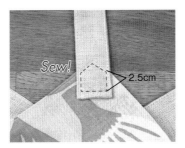

28 持ち手を縫い付ける。上の図のように、角の形に合わせて縫う。

29 4か所縫いつけたら完成！

Done!

I

フロントポケットの
巾着トート
Drawstring Tote Bag

▶ P.24

紐の先をキレイなタッセル状にするワザにも注目！　紐の先の糸をほぐしたら一旦水を含ませて絞り、
アイロンをかけてまっすぐに整えて、糸の端を切りそろえます。

できあがりサイズ

（本体部分）H40 × W36 cm

材料

・本体生地 & 持ち手用生地
　H53 × W100 cm × 1枚
・ポケット用生地
　H32 × W41 cm × 1枚
・紐 93 cm × 2本

裁ち合わせ図

直接生地に描いて裁断します

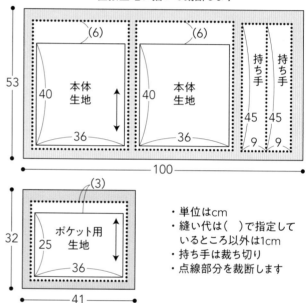

・単位はcm
・縫い代は（　）で指定して
　いるところ以外は1cm
・持ち手は裁ち切り
・点線部分を裁断します

準備

本体生地とポケット生地は、裁ち合わせ図の指定サイズに縫い代をつけて裁断する。
持ち手生地は、裁ち合わせ図の指定サイズ通りに裁断する。

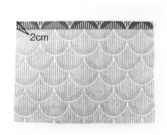

1 ポケット用生地の上端を2cm
幅の三つ折りにし、アイロンで
押さえる。

2 三つ折りの端を縫う。

3 本体生地の端に、1の三つ折り
にしていないほうの端をそろえ
て重ねる。

4 チャコペンなどで、中心を境に5mm幅の線を引き、周りをまち針でとめ、コの字形に縫う。

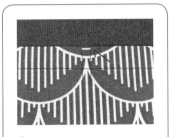

💡**Point**
上は強度をつけるため、しっかりと返し縫いする。

5 本体生地の上部の辺以外の周囲にジグザグミシンをかける。

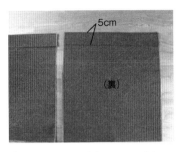

6 裏に返して上部を5cm幅の三つ折りにし、アイロンで押さえる。

7 三つ折りを開き、2枚の布を中表に重ねる。

💡**Point** 上部は三つ折りの折り目をぴったり合わせて、まち針でとめる。

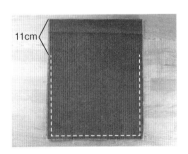

8 11cm下がった位置から、縫い代1cmで上部以外の周囲を縫う。

9 上部の縫い代を開き、縫い代を押さえるようにコの字形に縫う。

💡**Point** 縫い始めは左側の縫い代から。ジグザグミシンの縫い目の中心を縫っていく。

💡**Point**
本体の縫い止まりの部分は、横に縫う。

💡**Point**
縫い終わって表から見ると、こんな感じ!

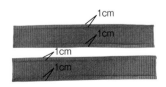

10 持ち手用生地の両端を1cm折り、アイロンで押さえる。

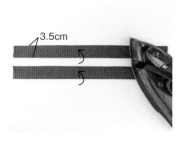

11 半分に折って、アイロンで押さえる。幅は 3.5cm になる。

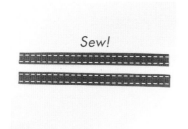

Sew!

12 両端を縫う。2本とも同様に作る。

13 これで持ち手の完成！

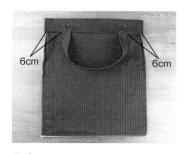

6cm　　　　6cm

14 本体上部を工程**6**でつけた三つ折りの折り目に合わせて戻し、端から6cmのところに持ち手を挟み込む。持ち手は1cm 中に入れる。

Sew!

15 三つ折りの端を縫う。

💡**Point**
持ち手は下に倒したまま、端ギリギリを縫う。

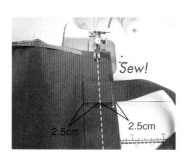

Sew!

2.5cm　　2.5cm

16 持ち手を上に倒し、三つ折りの中心を縫う。

17 表に返す。角は目打ちを使って出し、アイロンで形を整える。

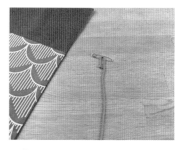

18 下の穴に紐を通す。
💡**Point**　紐通しがない場合は、安全ピンで代用してもOK。端に針を通すと外れにくくなる。

19 左右両方から、計2本の紐を通す。

20 紐の端を結び、結んだ先の糸をタッセルのようにほぐしたら完成！

Done!

スマホが入る
ミニショルダー（スマホケース）
Mini Shoulder Bag

▶ **P.26** │ 型紙 **P.109**

一般的な大きさのスマホ（15×7.5cm）が入るサイズ感です。
お手持ちのスマホがそれより大きい場合は、スマホに合わせて型紙のサイズを調整しましょう。

できあがりサイズ

H20 × W12.5 cm

材料

・表生地 A H25 × W18 cm × 1枚
・表生地 B＆ポケット用生地
　H25 × W33 cm × 1枚
・接着キルト芯 H25 × W18 cm × 2枚
・内生地　H25 × W18 cm × 2枚
・飾り用リボン（1.5 cm 幅）5 cm
・フェイクレザーテープ（1cm 幅）
　125 ～ 130 cm
・スナップボタン（13 mm）　1組

裁ち合わせ図

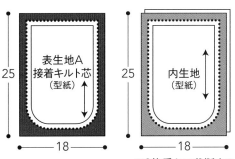

・単位はcm
・点線部分を
　裁断します

※2枚重ねて裁断する

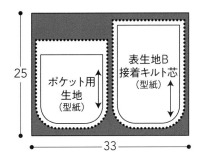

準備

表生地 A と表生地 B は接着キルト芯を貼り、型紙に合わせて裁断する。
その他の生地も型紙に合わせて裁断する。

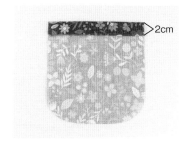

1 ポケット生地の上部を 2 cm 幅
の三つ折りにする。

2 三つ折りの端を縫う。

3 下端をそろえ、表生地 A の上
にポケット生地を重ねる。

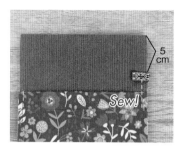

4 飾り用のリボンを半分に折り、上から5cmの位置に縫いつける。ポケット生地の両端も上から3cmほど縫う。

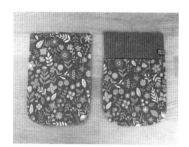

5 表生地2枚の準備完了！

6 2つの表生地を中表に重ねる。

7 上部を残し、縫い代1cmで周囲を縫う。
💡**Point** カーブの部分はミシンをゆっくり進めて、なめらかに縫うこと。

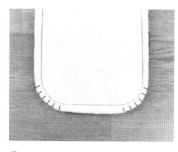

8 カーブの部分の縫い代は、縫い目から2mmほど離れたところに切り込みを入れる。

9 内生地を中表に合わせる。

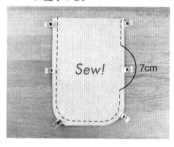

10 返し口7cmと上部を残し、縫い代1cmで周りを縫う。

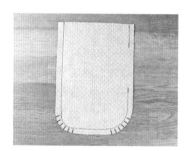

11 工程8と同様に、カーブ部分の縫い代に切り込みを入れる。

12 本体にレザーテープをつける。テープの端を内側に合わせてクリップなどで仮どめする。

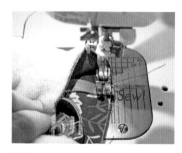

13 縫い代5mmで、レザーテープの端を縫いとめる。もう片方も同様に縫いとめる。

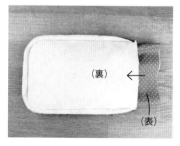

14 内生地を表に返し、そのまま本体に差し込む。

15 縫い代1cmで上部をぐるりと一周縫う。

💡Point

本体のサイドの縫い代は割り、その上を縫うこと。

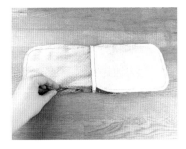

16 工程10で残しておいた返し口から、表に返す。

17 アイロンで形を整える。

Sew!

18 内生地の返し口は縫い代1cmを中に折り込み、その上を縫って綴じる。

19 内生地を本体の中に入れ、アイロンをかけて端を整える。

Sew!

20 端をぐるりと一周縫う。

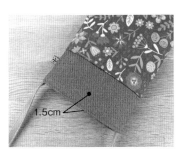

1.5cm

21 本体の上部の内側真ん中の1.5cm内側にスナップボタンの凸側をつける。

22 工程21でつけた凸ボタンに合う位置に印をつけ、凹ボタンをつけたら完成！

Done!

K

底の形が特徴的な

ひまわりバッグ
Sunflower Bag

▶ **P.28** │ 底の型紙 **P.110**

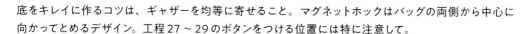

底をキレイに作るコツは、ギャザーを均等に寄せること。マグネットホックはバッグの両側から中心に
向かってとめるデザイン。工程27〜29のボタンをつける位置には特に注意して。

できあがりサイズ

H24 × W37cm
（ボタンを開けた状態）

材料

- 表生地 A& 底面用生地 & 持ち手用生地
  H38 × W69cm ×1枚
- 表生地 B
  H38 × W58cm ×1枚
- 内生地 A& 内生地 B&
  底面用内生地 ＆ポケット用生地
  H38 × W120cm ×1枚
- 接着芯　5×5cm ×2枚
- マグネットホック（13mm）　1組

裁ち合わせ図

直接生地に描いて裁断します

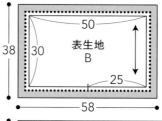

- 単位はcm
- 縫い代は（　）で指定して
  いるところ以外は1cm
- 持ち手は裁ち切り
- 点線部分を裁断します

赤の印＝合印
チャコで印をつけておく

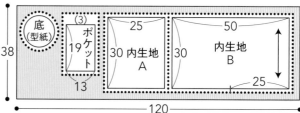

準備

底面用生地と底面用内生地は、型紙に合わせて裁断する。
表生地 A、表生地 B、内生地 A、内生地 B、ポケット生地は、裁ち合わせ図の指定サイズに
縫い代をつけて裁断する。持ち手生地は、裁ち合わせ図のサイズ通りに裁断する。
表生地 Bと内生地 Bは、指定の位置にチャコペンで印をつけておく。

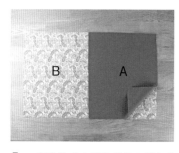

1　表生地 Aと表生地 Bの端をそ
ろえて、中表に合わせる。

2　縫い代1cmで端を縫う。

3　表生地 Aの縫っていないほう
の端を、表生地 Bの反対側の
端に合わせる。

4 縫い代1cmで、合わせた端を縫う。

5 それぞれの縫い代を表生地B側に倒し、アイロンで押さえる。

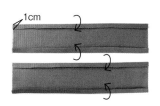

6 2枚の持ち手生地の両端を1cm内側に折り、アイロンで押さえる。

7 6をそれぞれさらに半分に折り、アイロンで押さえる。これで3.5cm幅になる。

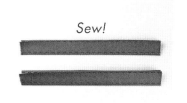

8 それぞれ両端を縫う。

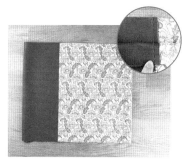

9 本体を表に返し、工程2と工程4で縫った継ぎ目どうしを合わせる。

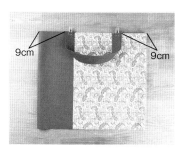

10 端から9cmの位置に持ち手を合わせ、クリップなどで仮どめする。

11 持ち手の端を縫う。反対側も同様にして縫いとめる。

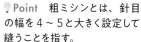

12 端から7mmのところと、端から3mmのところに2本の粗ミシンをかけ、縫い終わりは糸を長めに残す。
🎈 **Point** 粗ミシンとは、針目の幅を4〜5と大きく設定して縫うことを指す。

13 長めに残した2本の上糸だけを引き、ギャザーを寄せる。

14 メジャーで測りながら、底の周囲の長さが40cmになるまでギャザーを寄せる。

15 糸を結んでギャザーを固定する。まち針などを根元に添え、針にわを通すと結びやすい。

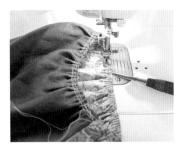

16 15のギャザーを均等にならし、7mmのほうの縫い目の上から普通の針目で重ねて縫い、ギャザーを固定する。

17 底面用表生地の型紙で指定してある位置に、チャコペンで印をつける。

18 本体の底にも、生地の継ぎ目2か所と表生地Bの中心の計3か所に、チャコペンで印をつける。

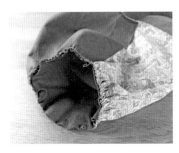

19 17と18の印を合わせるように、底面用表生地と本体を中表に合わせてまち針でとめ、その後まち針でぐるりと1周仮どめする。

20 縫い代1cmで、底面用表生地のカーブに沿ってぐるりと一周縫う。目打ちを使い、ギャザーを押さえながら縫うとスムーズ。

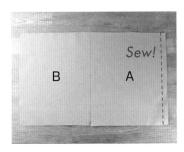

21 内生地Aと内生地Bの端をそろえて中表に合わせ、縫い代1cmで端を縫う。

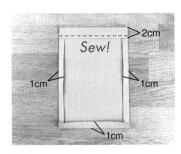

22 ポケット生地の上辺以外を1cm折り、アイロンで押さえる。上辺は2cm幅の三つ折りにし、端を縫う。

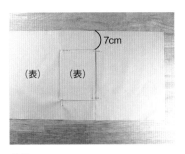

23 21を表にして広げ、内生地B側の継ぎ目の7cm下に22をのせ、まち針でとめる。

24 上辺を残して、周囲の端を縫う。

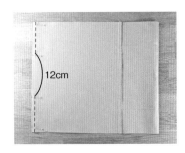

25 内生地を中表にして半分に折り、端を縫う。返し口として、真ん中の12cmほどをあけておく。

26 工程5と同様に、それぞれの縫い代を内生地B側に倒し、アイロンで押さえる。

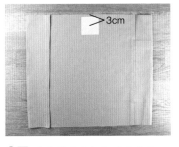

27 内生地Aの中心、上から3cmの位置を中心にして、アイロンで接着芯を貼る。

28 接着芯の中央に、マグネット
ホックをつける。

29 同様にして、内生地Bの中心
に、もう片方のマグネットホッ
クをつける。

30 工程**12**〜**20**と同様にして、
内生地と底面用内生地を縫い
合わせる。

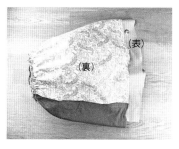

31 内生地を表に返し、表生地の
中に差し込むようにして中表に
合わせる。

32 生地の継ぎ目同士を合わせた
ら、布の端を合わせてクリッ
プなどでとめる。

33 縫い代1cmでぐるりと1周縫
う。

34 工程**25**で残しておいた返し口
から表に返し、端を上から縫っ
て返し口を塞ぐ。

35 内生地を本体の中に入れ、ア
イロンをかけて上端を整える。
Point　アイロンの先を袋に
差し込むようにすると、アイロ
ンがかけやすい。

36 表にして端を縫う。これで重
ねた生地がずれにくくなる。

37 手縫いで底を中綴じする。底
の継ぎ目の角に内生地側から
針を通し、縫い目の隙間を通
して3mmほど縫いとめる。

38 同じところを3針ほど縫いと
めたら、内生地側で玉どめし、
ミシン目の中に玉どめを隠す。
同様にして継ぎ目の部分を2
か所縫いとめたら完成！

Done!

L

型紙なしでできる

ボックスポーチ

Boxy Pouch

▶ P.30

型紙なしで作るので、工程7と8のサイズは、できるだけ正確に測って裁断しましょう。
サイズが違うと完成時に歪みが出やすくなります。

できあがりサイズ

H8 × W17 × マチ7cm

材料

・表生地＆タブ用生地 H23 × W72cm ×1枚
・内生地＆包み布A＆包み布B H34 × W46cm ×1枚
・接着芯 H35 × W32cm ×1枚
・ファスナー 25cm ×1本

裁ち合わせ図

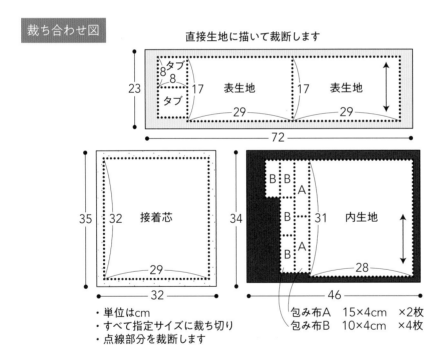

直接生地に描いて裁断します

・単位はcm
・すべて指定サイズに裁ち切り
・点線部分を裁断します

包み布A　15×4cm　×2枚
包み布B　10×4cm　×4枚

準備

すべての生地を裁ち合わせ図の指定サイズ通りに裁断する。
※柄の向きがない生地の場合は、接着芯を貼った表生地をH31× W28 ×1枚
裁断し、工程8からスタートする。

1 表生地を並べ、柄の向きが下になるほうを確認する。

2 表生地を中表に合わせてまち針でとめ、縫い代1cmで下側を縫う。

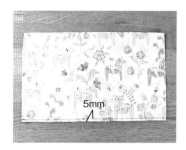

3 1cmある縫い代の幅をカットして5mmにする。

💡**Point** はじめは縫い代1cmで縫っておき、その後短く切りそろえると縫い目が歪みにくく、切り口がまっすぐキレイに仕上がる。

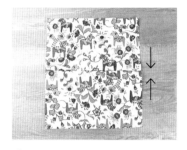

4 開いて、継ぎ目が柄の下になっていればOK！

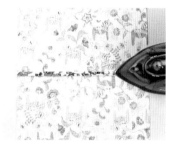

5 縫い代をアイロンで割る。

6 5の上に接着芯を重ね、アイロンで貼りつける。

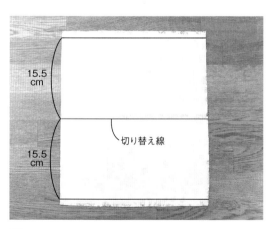

7 工程2で縫った切り替え線から15.5cmのところに、チャコペンで平行に線を引く。

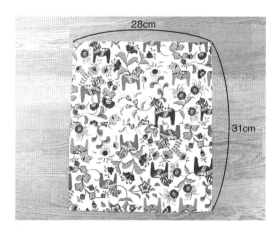

8 工程7で描いた線でカットし、さらに横幅を28cmに切りそろえ、タテ31×ヨコ28cmの長方形の布にする。

💡**Point** 柄の向きがない布（無地、水玉、チェックなど）を使う場合は2枚の布をつなぐ必要はなく、先に接着芯を貼り、表生地をタテ31×ヨコ28cmにカットすればOK！

9 内生地と**8**が同じ大きさであることを確認する。

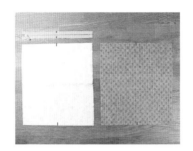

10 表生地、内生地、ファスナーの中心の上下にチャコペンで印をつける。

11 工程**10**でつけた印を合わせて、表生地とファスナーを中表に重ねる。

12 同様にして、内生地も印に合わせながら中表に重ね、まち針でとめる。

💡Point　表生地、内生地、ファスナーと、すべての布端をそろえる。ファスナーは半分ほど開けておく。

13 縫い代5mmで端を縫う。縫いにくい場合は、チャコペンなどで線を引いてから縫ってもOK。

💡Point　表生地、ファスナー、内生地の端がそろっているか確認しながら縫うこと。

💡Point　縫うときにファスナーの頭が邪魔になったら、上に引き上げる。

14 内生地を開き、内生地側の端を縫う。

💡Point　上から縫うことで、内生地を押さえる。内生地はピンと張るように開いて縫うこと。

15 表生地と内生地を片側に倒し、ファスナー周辺にアイロンをかけて形を整える。

16 表生地を中表に折り、ファスナーの端と布端を合わせ、それぞれの中心同士を合わせたらまち針でとめる。

17 **16**を裏返し、内生地も同様にしてファスナーと中心を合わせ、布端をそろえてまち針でとめる。

18 工程**13**と同様にして、縫い代5mmで端を縫う。

19 工程**14**と同様にして、内生地側の端を縫う。
💡**Point** 画像のように少しずつ生地を広げ、ずらしながら縫っていこう。

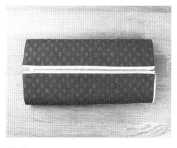

20 内生地で表生地を包むようにして、外側に返す。

21 タブ用生地を中心に向かって上下から折り、アイロンで押さえる。

22 さらに半分に折って、アイロンで押さえる。

23 もう1つのタブも同様にして折る。

24 両端をそれぞれ縫う。

25 さらに半分に折り、端を縫いとめる。これで幅2cmのタブが2つできる。

26 表生地の切り替え線の上の端にタブをのせ、クリップなどでとめる。

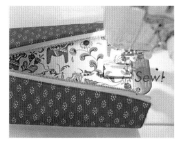

27 表生地の端とタブの端をそろえて、端を縫いつける。もう片方も同様にして縫いつける。

28 ファスナーの中心を表生地の切り替え線に合わせ、クリップなどでとめる。

29 ファスナー止まりから 3 mm 外側を縫う。もう片方も同様にして縫う。

💡**Point** チャコペンなどで線を引いてから縫うと、縫いやすい。

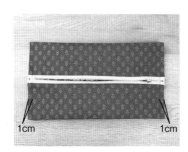

30 両サイドの縫い代を 1 cm に切りそろえる。

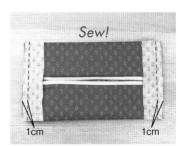

31 包み布 A を本体の端に合わせて中表に重ね、縫い代 1 cm で端を縫う。もう片方も同様にして縫う。

32 裏にして、本体を包むように包み布 A を 1 cm ずつ 2 回折り、まち針などでとめる。

33 包み布 A の端を縫う。

💡**Point**
角は後ほどカットするので、包まずそのままで OK！

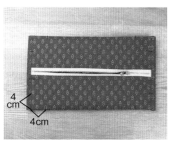

34 4 つ辺の角から 4 cm の位置に、チャコペンで印をつける。（計 8 か所）

35 角を三角に折り、隣り合う印同士をまち針で刺してとめる。

💡**Point** 中心は生地が重なっててまち針が刺しにくいので、少しずらした刺しやすい位置で固定して OK！

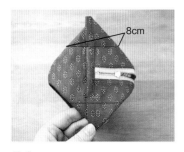

36 工程 **33** の縫い線に対して直角に、チャコペンで 8 cm の線を引く（計 4 か所）。

37 工程 **36** で引いた 4 か所の線の上を縫う。

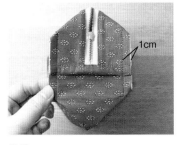

38 縫い代 1 cm を残し、マチの角をすべてカットする。

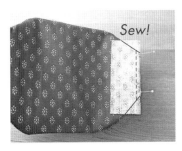

39 38の縫い代に包み布Bの端を合わせて中表に重ね、まち針でとめたら縫い代1cmで端を縫う。

40 裏返し、包み布Bの上下の端を本体の幅に合わせて内側に折る。

41 工程32と同様にして、本体を包むように包み布を1cmずつ2回折り、まち針などでとめる。

42 包み布Bの端を縫う。ほかの3か所も同様にして、包み布Bを縫いとめる。

43 表に返したら完成！

M
ラウンド型の
ハーフムーンポーチ
Half Moon Pouch

▶ P.31 │ 型紙 P.111

カーブのファスナーつけの仮どめは、カーブゆえの難しさからまち針だけでは不安なときも。
そんなときは、しつけ糸で縫いとめてから本縫いするのがコツです。

できあがりサイズ

H11 × W20 × マチ 8 cm

材料

・表生地 H20 × W63 cm × 1枚
・内生地 H20 × W63 cm × 1枚
・ポケット用生地 H13 × W17 cm × 1枚
・接着芯 H20 × W63 cm × 1枚
・ファスナー　25 cm
・タブ用リボン（2.5 cm 幅）　16 cm × 2本

裁ち合わせ図

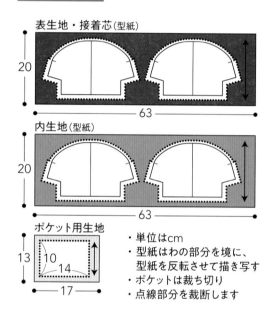

表生地・接着芯（型紙）
20
63

内生地（型紙）
20
63

ポケット用生地
13
10
14
17

・単位はcm
・型紙はわの部分を境に、
　型紙を反転させて描き写す
・ポケットは裁ち切り
・点線部分を裁断します

準備

表生地は接着芯を貼り、型紙に合わせて裁断する。内生地も、型紙に合わせて裁断する。
ポケット生地は、裁ち合わせ図の指定サイズ通りに裁断する。

1 表生地、内生地、ファスナーの中心に、チャコペンなどでそれぞれ印をつける。

2 ファスナーと表生地を中表に重ね、工程1でつけた中心の印に合わせて端をそろえ、まち針でとめる。

3 布端どうしをぴったりと合わせ、カーブに沿ってまち針でとめる。縫い始めはファスナーを開いておく。

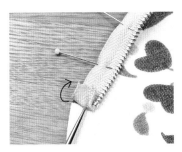

4 ファスナーの端を、縫い代の幅が変わる位置（縫い止まり）で折る（左右2か所）。

5 ファスナーの端に合わせるように、さらになかめに折ってマチ針でとめる。

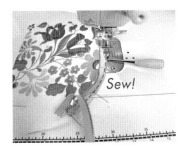

6 ミシンの押さえを片押さえ、もしくはファスナー押さえに替え、縫い代5mmで縫う。
💡Point　表生地とファスナーの端がずれないように、注意しながらゆっくり針を進めよう。

💡Point　途中でファスナーの引き手が邪魔になってきたら、上に引き上げて縫い進める。

7 縫い終わりはこんな感じ！　これで片側にファスナーがついた状態に。

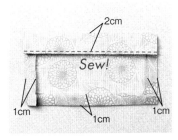

8 ポケット用生地の下部と両サイドを1cmで折り、アイロンで押さえる。上部は2cm幅の三つ折りにし、端を縫う。

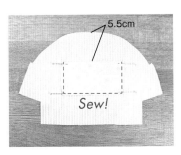

9 8を内生地の中心、上から5.5cmのところにのせてまち針でとめ、上部を残し、両サイドと下部の端を縫う。

10 9の上に7を中表に重ねる。

11 中心の印を合わせ、布端をそろえてまち針でとめたら、工程6の縫い目の上を縫う。

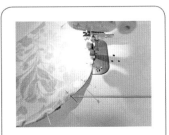

💡Point　下に重ねている内生地がずれないように、ゆっくり針を進めよう。

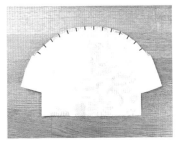

12 縫い代に幅3mmくらいの切り込みを入れる。

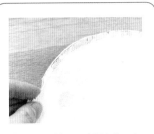

💡Point　縫い目を切らないように注意。2mmほど手前までカットする。

13 表に返してファスナーを引き出し、アイロンで形を整える。

💡**Point** ファスナー止まりの縫い代の角は、平らになるように引き出しておく（左右2か所）。

14 もう1枚の表生地の上に、13を中表に重ねる。

15 工程2〜7と同様にして、ファスナーを縫いつける。

16 もう1枚の内生地の上に、15の内生地が中表になるように重ねる。

17 端を合わせてファスナーの中心から端の順にまち針でとめ、15の縫い目の上を縫う。

18 工程12と同様に、縫い代に切り込みを入れる。

19 表に返し、ファスナーをしっかり引き出したらアイロンをかけて形を整える。

20 これで両側にファスナーがついた状態に！

21 表生地同士、内生地同士を中表に合わせ、縫い代1cmで両サイドと底をそれぞれ縫う。内生地の底には、返し口を8cmあけておく。

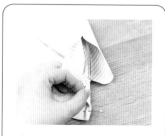

💡**Point** 両サイドの端は、ファスナーの終わりをぴったり合わせる。つまんで端を合わせたら、クリップでとめるとやりやすい。

💡**Point** サイドを縫うときは、ファスナーの縫い止まりを越えて縫ってしまうと、ファスナー金具に針が当たって折れることがあるので注意。

22 表生地の底の角の穴から指を入れ、縫い代を指でしごくように開く。同様にして、サイドの縫い代も指で開いておく。

23 タブ用リボンを半分に折り、底の角の穴に差し込む。

Sew!

24 リボンと表生地の端を合わせてクリップなどでとめ、端を縫う。反対側も同様にして、タブ用リボンを縫いつける。

Sew!

25 サイドと底の角の端を合わせ、縫い代1cmで端を縫い、マチを作る。表生地、内生地の計4か所とも同様に縫い合わせる。

26 マチを4か所縫うと、こんな感じに！

27 返し口から表に返す。

Sew!

28 返し口をコの字綴じで縫い合わせる。

29 内生地の底線と表生地の底線をそろえ、まち針でとめる。このとき、まち針は少し離れたところでとめよう。

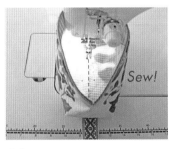

Sew!

30 返し口の上を7〜8cmほど縫う。こうすることで、内生地が安定し、形も整う。

31 タブのリボンを本体に沿わせるように上げ、まち針でとめる。

Sew!

32 ファスナー止まりの位置まで、手縫いでリボンの両サイドをまつり縫いしたら完成！

Done!

N 誰かに贈りたい
オーナメント
Fabric Ornament

▶ P.36

紐の色は、ポイントになる配色がおすすめ。
紐が取れにくくなるように、工程7では返し縫いをしっかりと行いましょう。

できあがりサイズ

（本体部分）H6.5 × W6.5 cm

材料

・生地 A H10.5 × W10.5 cm × 1枚
・生地 B H10.5 × W10.5 cm × 1枚
・切り替え布 H5 × W13 cm × 1枚
・紐　24 cm × 1本
・手芸わた　適量

裁ち合わせ図

直接生地に描いて裁断します

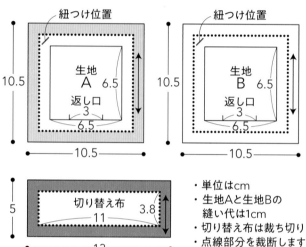

・単位はcm
・生地Aと生地Bの
　縫い代は1cm
・切り替え布は裁ち切り
・点線部分を裁断します

準備

生地 A と生地 B は、裁ち合わせ図の指定サイズに縫い代をつけて裁断する。
切り替え布は、裁ち合わせ図の指定サイズ通りに裁断する。

1 切り替え布の上下を1cmずつ折り、アイロンで押さえる。

2 切り替え布が幅18mmの帯状になる。

3 生地 A の表面の対角線に **2** をのせる。

4 切り替え布の端を上下とも縫う。

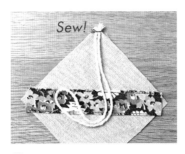

5 紐を半分に折り、端を上に縫いとめる。

6 5と生地Bを中表に重ねる。紐ははみ出ないように、内側に入れておく。

7 縫い代1cmで、返し口を残して周りを縫う。

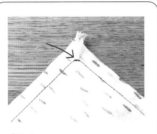

💡**Point**

紐の上は返し縫いをし、強度をつける。

8 角の縫い代を、縫い目から2mmほど離してカットする。

9 返し口から表に返す。目打ちを使って角を出す。

10 キレイな正方形になるように、アイロンで形を整える。

11 手芸わたを適量詰める。ドライハーブを入れてもOK！

12 返し口をコの字綴じで縫い合わせたら完成！

Done!

テキスタイルを飾る
クッションカバー
Cushion Cover

▶ **P.37**

工程7のミシン糸は、色がしっかり見えるようにやや太めの30番を使うのがおすすめ。
60番を使う場合はステッチの色が目立つよう、同じところを2回縫いましょう。

できあがりサイズ

（外周）50×50cm
（クッションが入る部分）45×45cm

材料

・本体生地（A・B）H58×W122cm ×1枚
・スナップボタン（13mm）　2組

裁ち合わせ図

直接生地に描いて裁断します

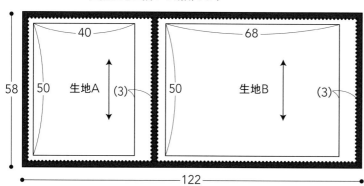

・単位はcm
・縫い代は（　）で指定しているところ以外は1cm
・点線部分を裁断します

準備

すべての生地を裁ち合わせ図の指定サイズに縫い代をつけて裁断する。

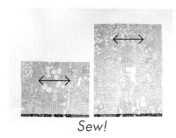

Sew!

1 生地A、生地Bそれぞれの端を2cm幅の三つ折りにし、端を縫う。

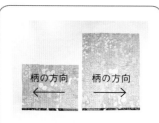

💡**Point**
柄の方向がある生地の場合は、向きに注意。それぞれ柄の下が外側になるように並べて、下側になるほうを折る。

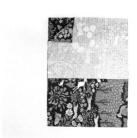

2 三つ折りしていないほうの端をそろえ、生地Bの上に生地Aを中表に重ねる。

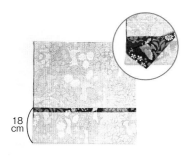

18
cm

3 生地Bの三つ折りになった端を18cmのところで折る。
💡Point　内側は生地Aと重なった状態。

4 1cmの縫い代で、折り山以外の辺を縫う。

5 上の角の縫い代を2か所、ななめにカットする。

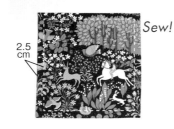
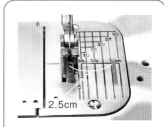

2.5
cm

6 生地Aと生地Bの重なる穴から表に返し、アイロンをかけて形を整える。角は目打ちなどを使って出す。

7 2.5cm幅で周囲をぐるりと1周縫う。飾りステッチなので、ポイントになる色の糸を選ぶのがおすすめ。

💡Point　ミシン針から2.5cmのところに、テープなどでステッチ幅の印をつけて、それを目安に縫うと簡単！

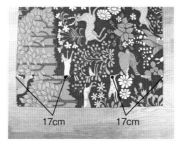

💡Point
縫い始めは2.5cm内側からスタート。生地の端をテープでつけた印に合わせて縫う。

17cm　　　17cm

8 生地Aと生地Bが重なる面の端から17cmのところに、スナップボタンをつける。生地Aは内側、生地Bは表側につけよう。

9 スナップボタンを2個つけたら完成！
💡Point　薄手の生地を使う場合は、生地Bのボタンをつける裏側に3cm四方の接着芯を貼って補強をすると、しっかり固定できる。

Done!

P

つつみ布で彩る
フィーカマット
Fika Mat

▶ **P.38**

タブ用と包み用生地は、生地が重なっても縫いやすいようになるべく薄手を選んで。
厚みのある部分は、ミシンのハンドルを手で回して一針ずつ動かして縫うと◎。

できあがりサイズ

H25 × W36 cm

材料

- 本体生地　　　　H28 × W39 cm × 1枚
- 縁取り用生地　　H18 × W69 cm × 1枚
- タブ用生地　　　H6 × W16 cm × 1枚

裁ち合わせ図

直接生地に描いて裁断します

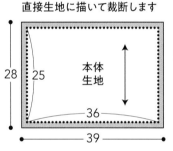

本体生地

28　25　36　39

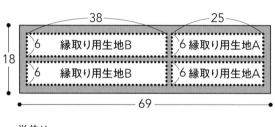

38　　　　25

6 縁取り用生地B　　6 縁取り用生地A

6 縁取り用生地B　　6 縁取り用生地A

18　69

13　タブ用生地　6　4　16

- 単位はcm
- すべて指定サイズに裁ち切り
- 点線部分を裁断します

準備

すべての生地を裁ち合わせ図の指定サイズ通りに裁断する。
縁取り生地とタブ用生地は、地の目の縦横どちらでとっても◯K（柄のバランスを見て決める）。

1 縁取り用生地の上下を中心に向かって折り、アイロンで押さえる。

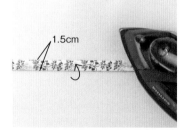

1.5cm

2 さらに半分に折って1.5cm幅にし、アイロンでしっかり押さえる。ほかの3枚も同様に折っておく。

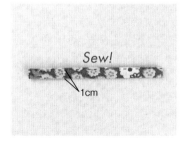

Sew!

1cm

3 タブ用生地も同様に折り、端を縫う。

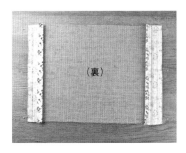

4 縁取り用生地Aの2枚をそれぞれ開き、本体生地の裏面の端に、表を下にして合わせる。

5 いちばん端の折り目の線に合わせて縫う。

6 本体生地を表に返す。縁取り用生地を工程2でつけた折り目に合わせて、本体生地を包むように戻し、まち針でとめる。

7 縁取り用生地が本体生地より大きくはみ出ていたら、カットして本体生地の長さに合わせる。縁取り生地Aの端をそれぞれ縫う。

8 手順4と同様に、縁取り生地Bも2枚をそれぞれ開き、本体生地の裏面の端に、表を下にして合わせる。

9 工程5と同様に、いちばん端の折り目の線に合わせて、本体生地と重なっている部分を縫う。

10 9を表に返し、縁取り生地Bの折り目の端を一段戻す。さらに、はみ出ている角の部分を内側に折る。

11 工程6と同様に、縁取り用生地を工程2でつけた折り目に合わせて、本体生地を包むように戻し、まち針でとめる。

12 3のタブを半分に折り、縁取り用生地の角に挟んでクリップでとめる。

13 縁取り生地Bの端を縫う。

14 タブを角に向かってななめにずらし、わを開くような位置で縫いとめたら完成！

Done!

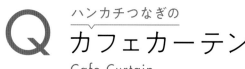

Q ハンカチつなぎの カフェカーテン
Cafe Curtain

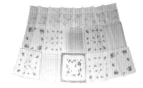

▶ **P.40**

市販のハンカチは同じサイズでも微妙に大きさが違います。
多少のズレがあってもかえってそれがよい味になるので、大胆＆ラフに縫い合わせればOK！

できあがりサイズ

（約）H77 × W146 cm

材料

・ハンカチ（30cm四方）　10枚
・切り替え生地
　H32 × W［カーテンの幅＋縫い代4cm］cm ×1枚
※ハンカチの枚数やサイズはお好みに合わせて自由に
　変えてもOKです。

裁ち合わせ図

直接生地に描いて裁断します

32　　　切り替え生地

―――カーテンの幅+縫い代4―――　　・単位はcm
（工程5の横幅の割り出し方参照）

準備

切り替え生地の裁断は後回しでOK。1段にハンカチ5枚を使うとすると、
切り替え生地は 30×5 =150cm+4cmで幅154cmとなるが、
実際にはハンカチを重ねて縫い合わせるのでもっと短くなる。

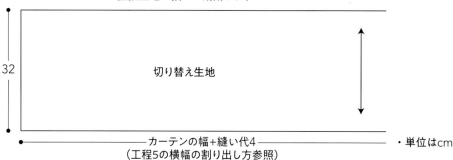

Sew!

1 ハンカチを並べて配置を考える。配置が決まったら
スマホなどで撮影するかメモをしておく。

2 ハンカチの端を8mmほど重ね、その上を縫ってつ
ないでいく。

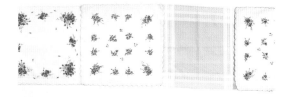
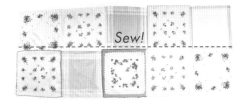

3 左右の重ね順はランダムにするとバランスがよくなる。ハンカチの大きさは個体差があるので、多少の歪みやズレは気にしなくてOK！

4 同様にしてもう1段も縫い合わせる。2枚を1cm重ね、上段の端を縫う。

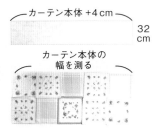

カーテン本体 +4cm

32 cm

カーテン本体の幅を測る

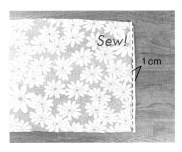

Sew!

1cm

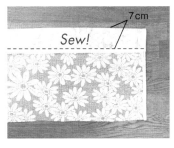

7cm

Sew!

5 **4**の幅を測り、その長さ＋4cmの幅に、高さ32cmで切り替え生地を裁断する。

6 切り替え生地の左右の端を1cm幅の三つ折りにし、端を縫う。

7 上側を7cm幅の三つ折りにし、端を縫う。

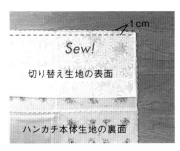

1cm

Sew!

切り替え生地の表面

ハンカチ本体生地の裏面

Sew!

8 本体生地の上の端と、切り替え生地の下の端を裏面どうしで合わせ、縫い代1cmで縫い合わせる。
💡 **Point** 切り替え生地は、本体よりはみ出ないよう、2mmくらい下げて合わせる。

9 本体生地を表に返して、切り替え生地の縫い代が隠れるように上に倒し、ハンカチの上の端を押さえるように縫ったら完成！

💡 **Point** これを「押さえミシン」と呼び、縫い代が浮いてしまうのを防ぐ。

Done!

R

森に出かけたくなる
布バスケット
Fabric Basket

▶ P.41

工程11で表生地と内生地の寸法が合わないときは、内生地の両サイドを狭く縫うことで調整を。
中の色が目立つデザインなので、内生地もお気に入りのものを選んで。

できあがりサイズ

S サイズ本体　H9 × W10 × マチ 10 cm
M サイズ本体　H11.5 × W13 × マチ 13 cm
L サイズ本体　H14 × W16 × マチ 16 cm

材料

・表生地 **S** H34 × W25 ／
M H42 × W31 ／ **L** H50 × W37 × 1枚
・内生地 **S** H34 × W25 ／
M H42 × W31 ／ **L** H50 × W37 × 1枚
・持ち手用生地 **S** H11 × W23 ／
M H13 × W27 ／ **L** H15 × W31 × 1枚
・接着芯 **S** H34 × W25 ／
M H42 × W31 ／ **L** H50 × W37 × 1枚
・持ち手用接着芯　**S** H11 × W23 ／
M H13 × W27 ／ **L** H15 × W31 × 1枚

裁ち合わせ図

直接生地に描いて裁断します

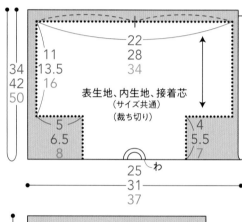

赤の印＝持ち手
つけ位置
チャコで印を
つけておく

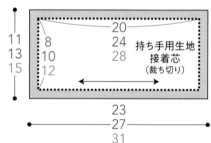

・単位はcm
・製図は縫い代込みです
・点線部分を裁断します

準備

表生地と持ち手用生地は接着芯を貼り、
裁ち合わせ図の指定サイズ通りに裁断する。内生地も指定サイズ通りに裁断する。
表生地は裁断した後、裁ち合わせ図の持ち手つけ位置にチャコペンで印をつける。

1 表生地の両端を1cm折り、アイロンで押さえる。

2 中表になるように2つに折り、縫い代1cmで両サイドを縫う。

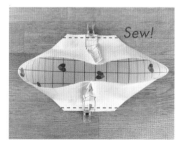

3 サイドの縫い代を開き、マチをクリップなどでとめ、縫い代1cmで縫う。

4 内生地の両端を1.2cmに折り、アイロンで押さえる。

5 中表になるように2つに折り、縫い代1.2cmで両サイドを縫う。

6 サイドの縫い代を開き、マチをクリップなどでとめ、縫い代1.2cmで縫う（左右2か所）。

7 持ち手用生地の上下を中心に向かって折り、アイロンで押さえる。

8 中心で折ったらクリップなどでとめ、端を縫う。

9 表生地と内生地のマチの縫い代を、それぞれ内側に倒してアイロンで押さえる。両サイドの縫い代もそれぞれ割る。

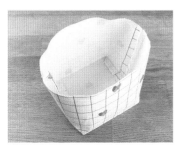

10 表生地を表に返す。

11 表生地の中に内生地を入れ、工程**1**と**4**でつけた折り目に合わせて内側に折り、クリップなどでとめる。

12 持ち手を持ち手つけ位置の中心に合わせて1cm差し込み、クリップなどでとめる。
💡**Point** ずれやすいので、しつけ糸でとめてもOK！

13 端をぐるりと一周縫ったら完成！

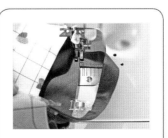

💡**Point** 持ち手のところを縫うときは、ずれていないか確認しながら縫う。持ち手が本体に対して、直角に差し込まれているか確認しよう。

Done!

Sewing Patterns

曲線がある作品などは、実物大型紙を掲載しています。

ハトロン紙などの透ける紙に写し取って使いましょう。

やり方は P.46 の「型紙の作り方」に詳しく説明しているので、参照してください。

できあがり線	縫い代線	地の目線	「わ」の印
——	・・・・・・・・・・・・	←——→	

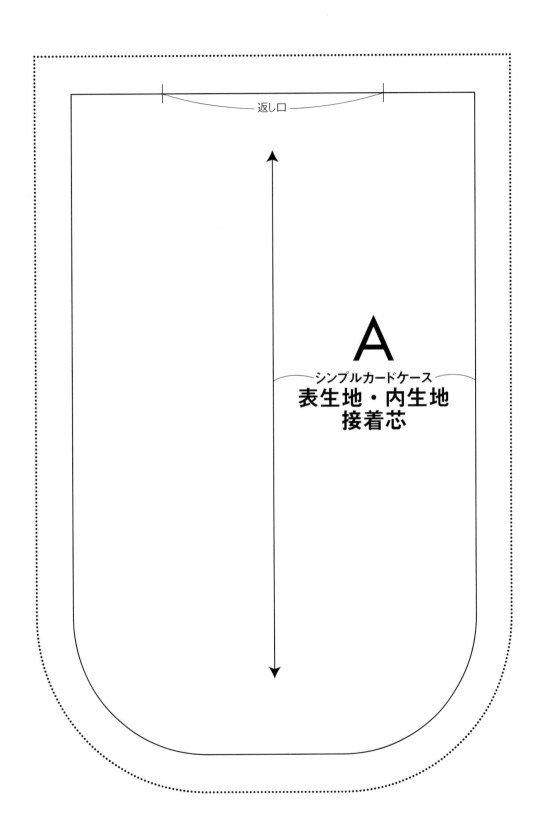

返し口

A

シンプルカードケース
表生地・内生地
接着芯

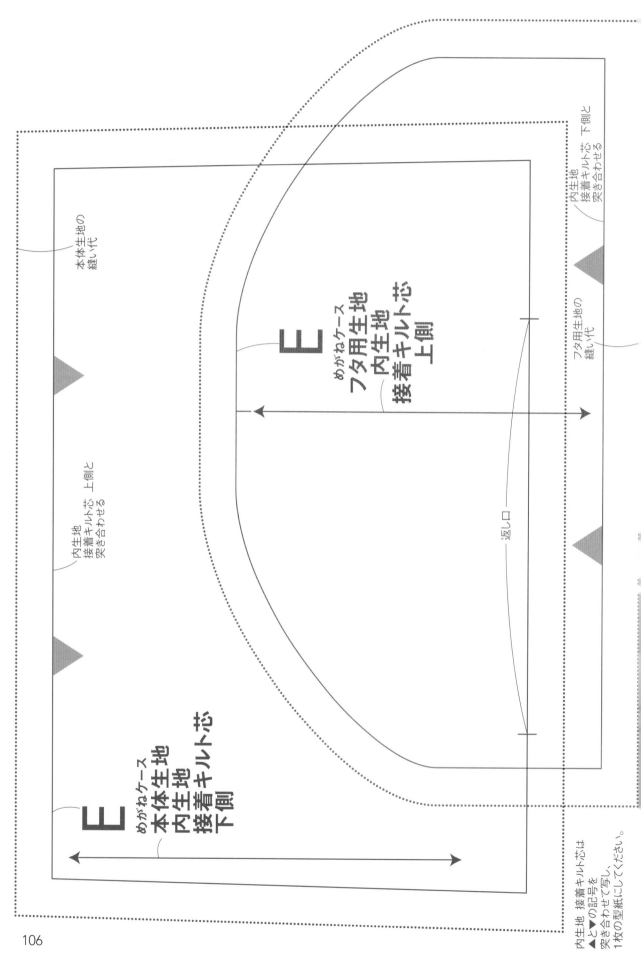

本体生地の
縫い代

内生地
接着キルト芯 上側と
突き合わせる

E
めがねケース
フタ用生地
内生地
接着キルト芯
上側

E
めがねケース
本体生地
内生地
接着キルト芯
下側

返し口

内生地
接着キルト芯 下側と
突き合わせる

フタ用生地の
縫い代

内生地 接着キルト芯は
▲と▼の記号を
突き合わせて写し、
1枚の型紙にしてください。

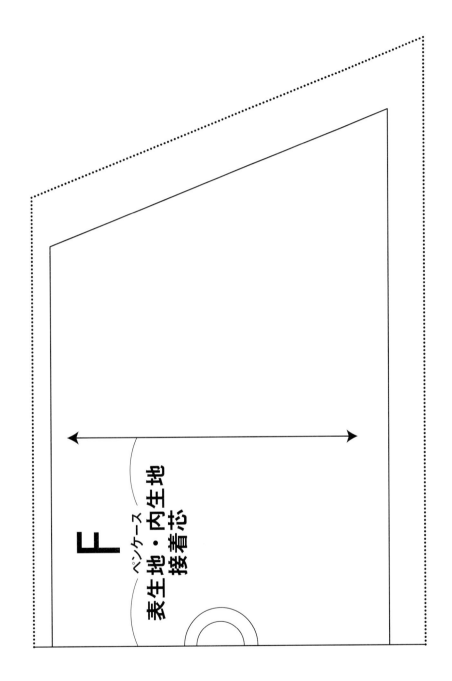

F
ペンケース
表生地・内生地
接着芯

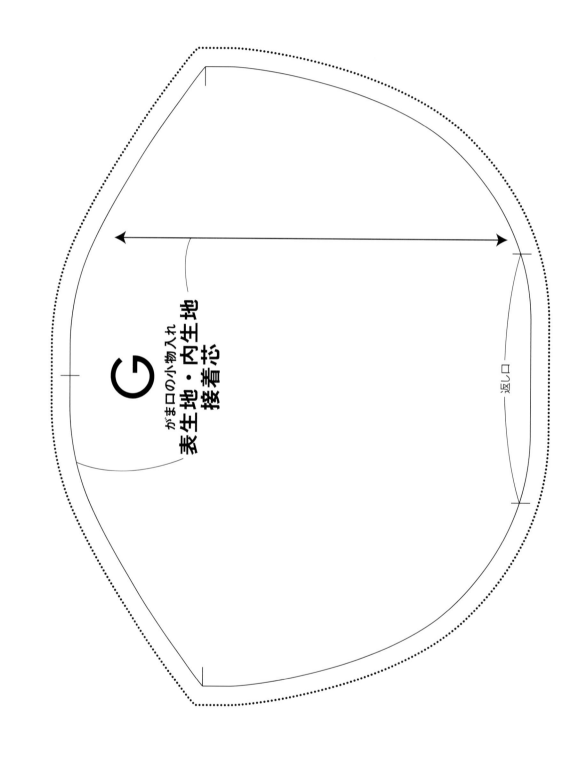

G

がま口の小物入れ

表生地・内生地
接着芯

返し口

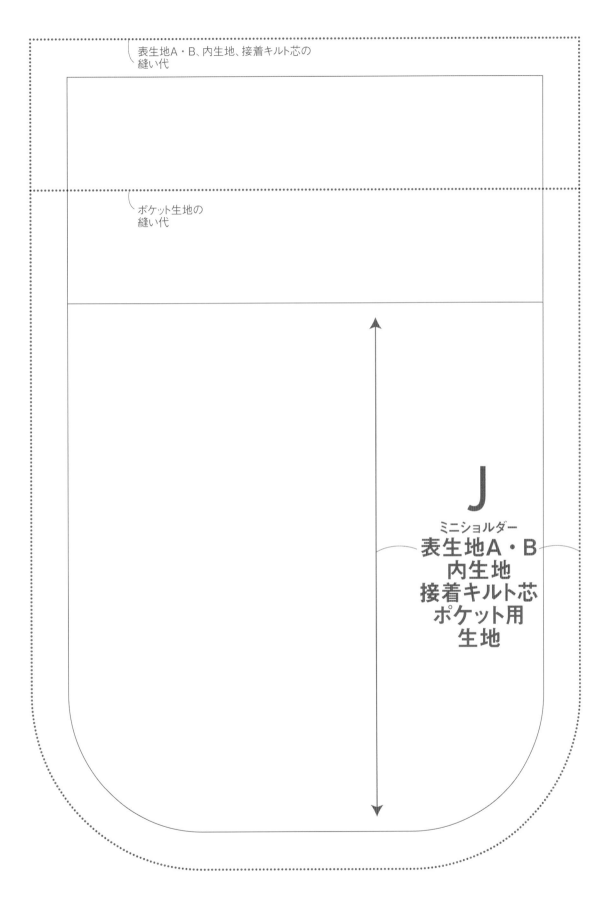

表生地A・B、内生地、接着キルト芯の
縫い代

ポケット生地の
縫い代

J

ミニショルダー
**表生地A・B
内生地
接着キルト芯
ポケット用
生地**

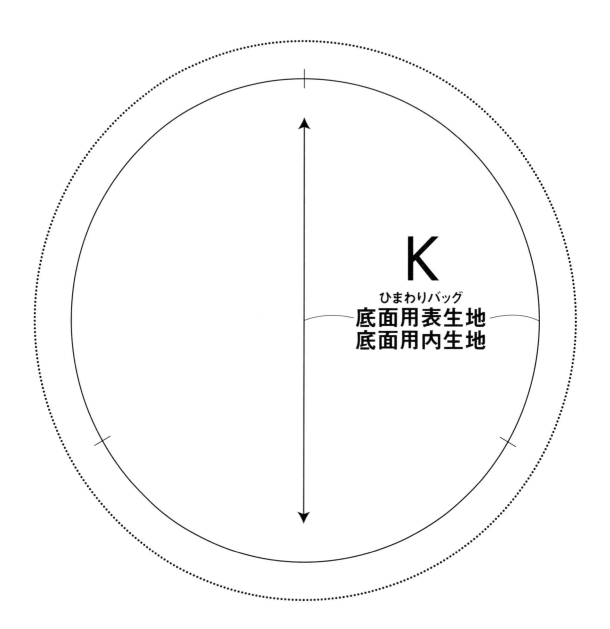

K

ひまわりバッグ
底面用表生地
底面用内生地

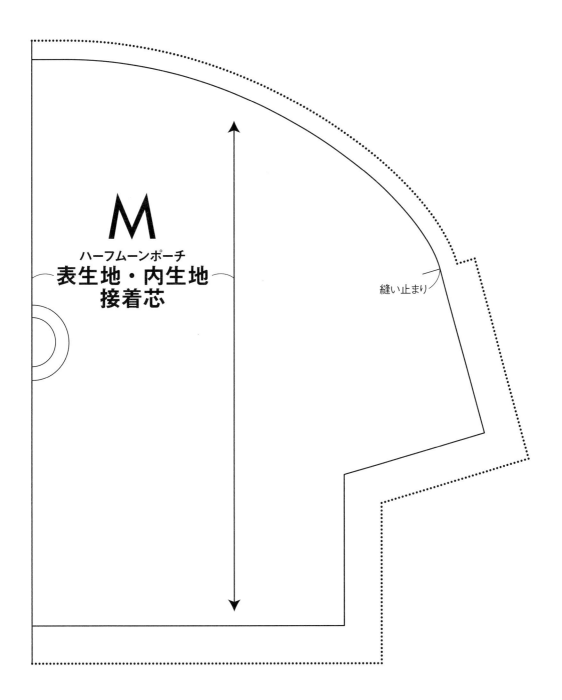

M

ハーフムーンポーチ
表生地・内生地
接着芯

縫い止まり

北欧ぐらしの布小物

オルソン恵子

2021年11月6日　初版発行

発行者　横内正昭
編集人　青柳有紀
発行所　株式会社ワニブックス
　　　　〒150-8482
　　　　東京都渋谷区恵比寿4-4-9　えびす大黒ビル
　　　　電話 03-5449-2711（代表）
　　　　　　　03-5449-2716（編集部）
　　　　ワニブックスHP　http://www.wani.co.jp/
　　　　WANI BOOKOUT　http://www.wanibookout.com/

印刷所　株式会社美松堂
製本所　ナショナル製本

©keiko olsson2021
ISBN978-4-8470-7113-3

STAFF

撮影・文
オルソン恵子

装丁・デザイン
塚田佳奈（ME&MIRACO）

モデル
Tuva Grimlycke

編集協力
二平絵美

イラスト・型紙・DTP
ウエイド手芸制作部

校正
鈴木初江

編集
川上隆子（ワニブックス）